Colorazione
Rossa fienile e animali da fattoria

Coloring Pages for Kids

Coloring Pages for Kids
An imprint of Ciparum LLC

Colorazione rossa fienile e animali da fattoria
© 2017 Ciparum LLC
All rights reserved.
ISBN-10:1-63589-382-8
ISBN-13:978-1-63589-382-3

Coloring Pages for Kids

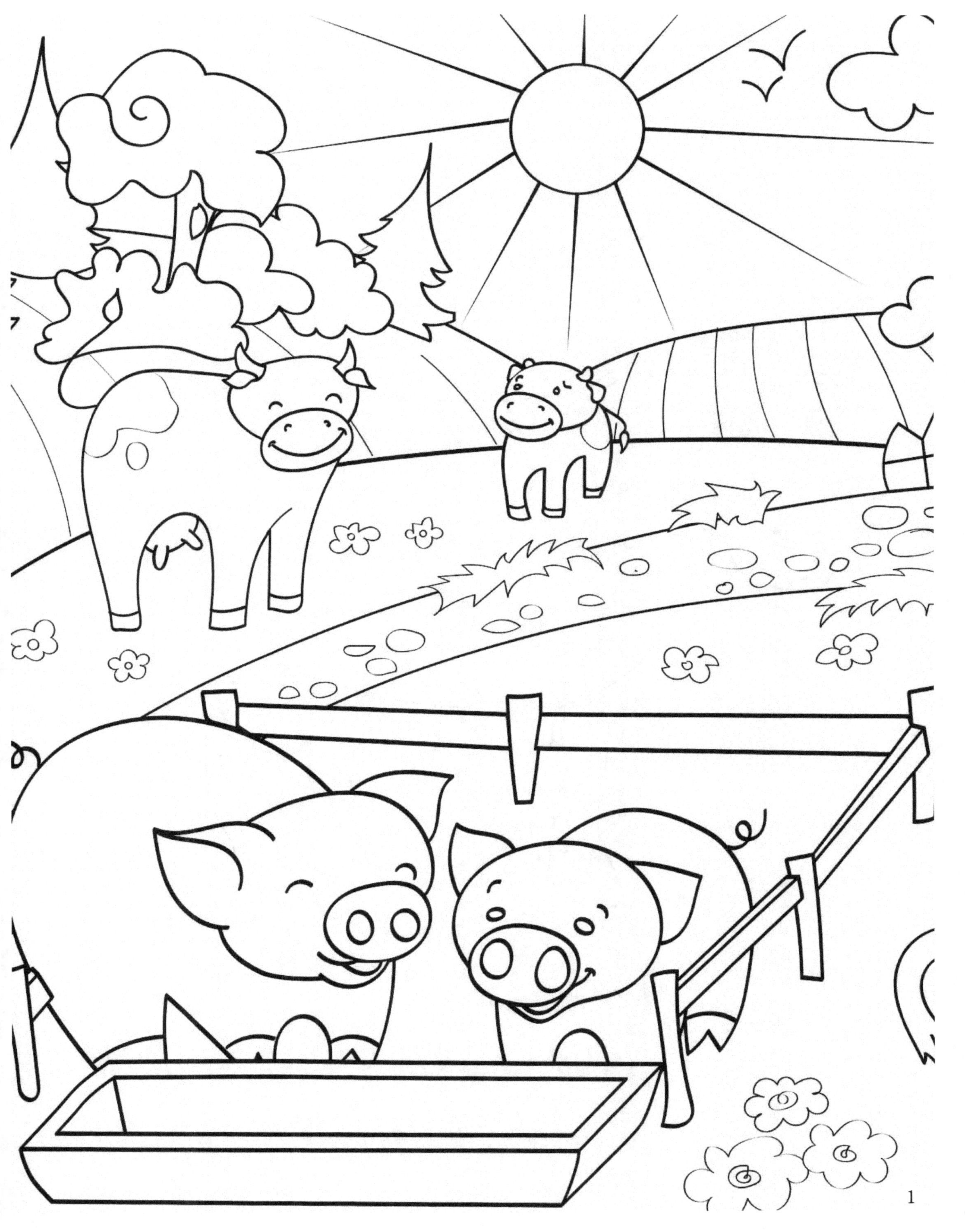

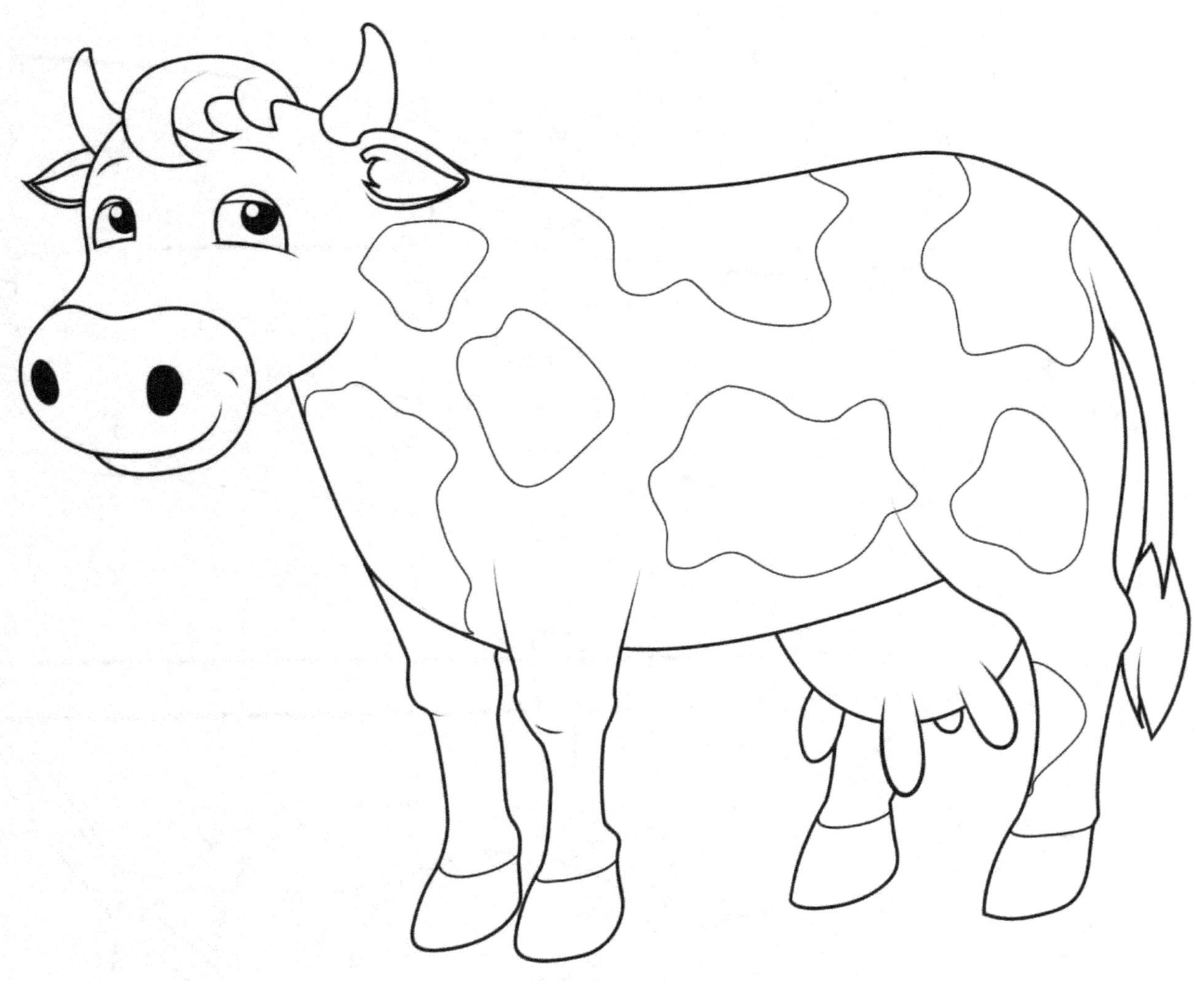

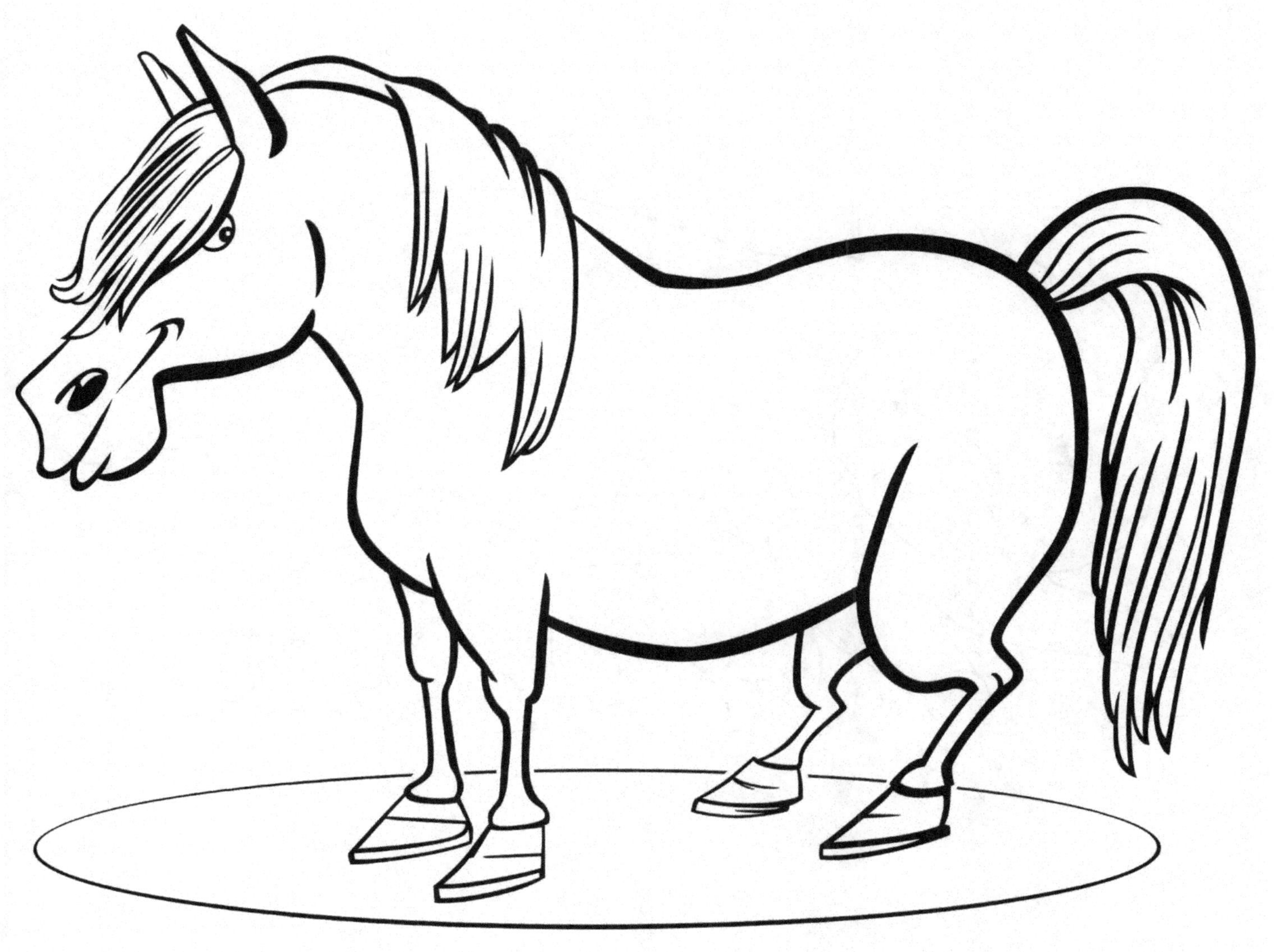

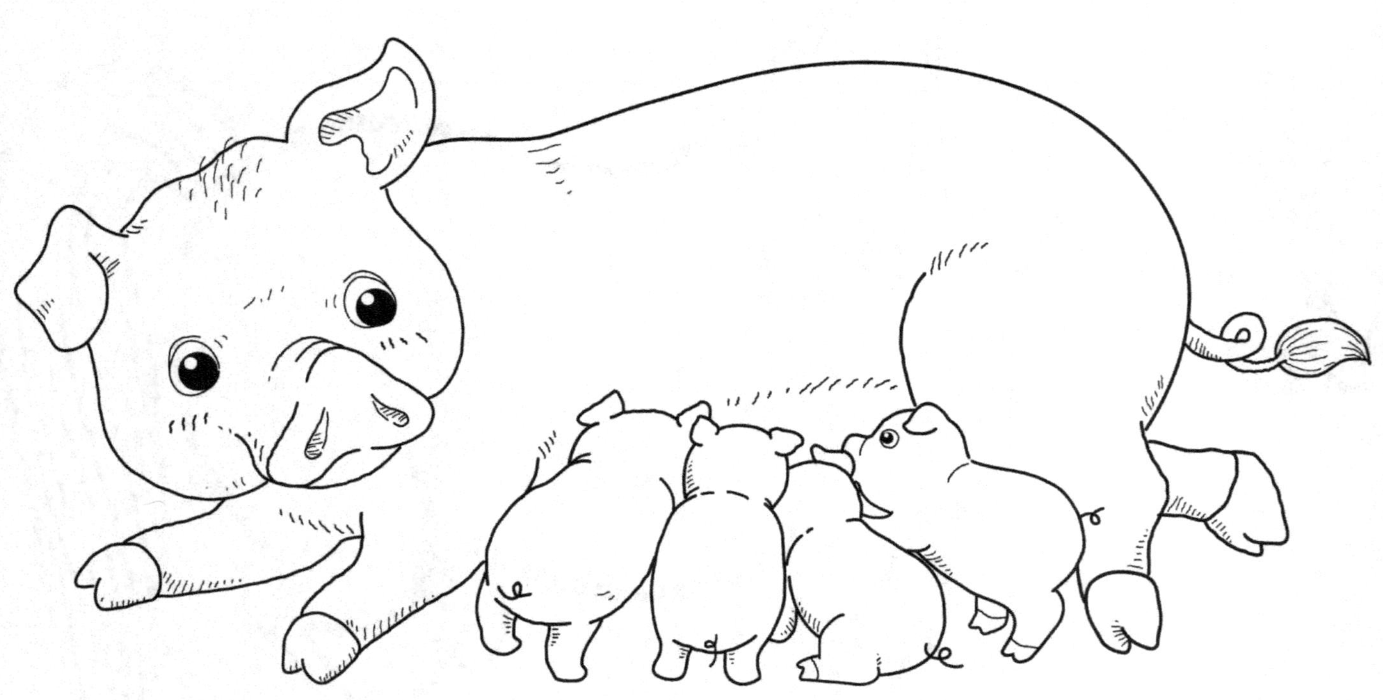

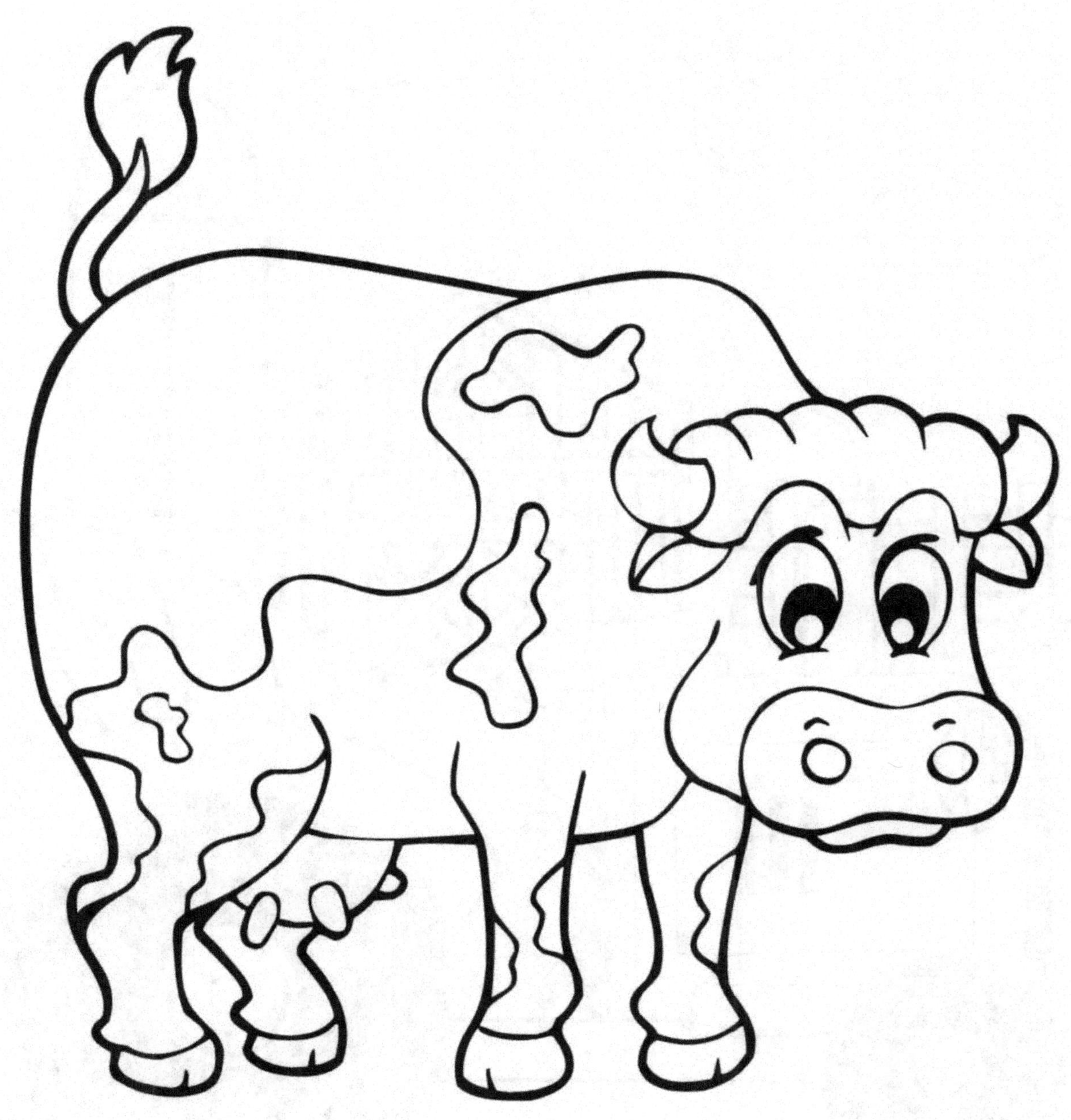

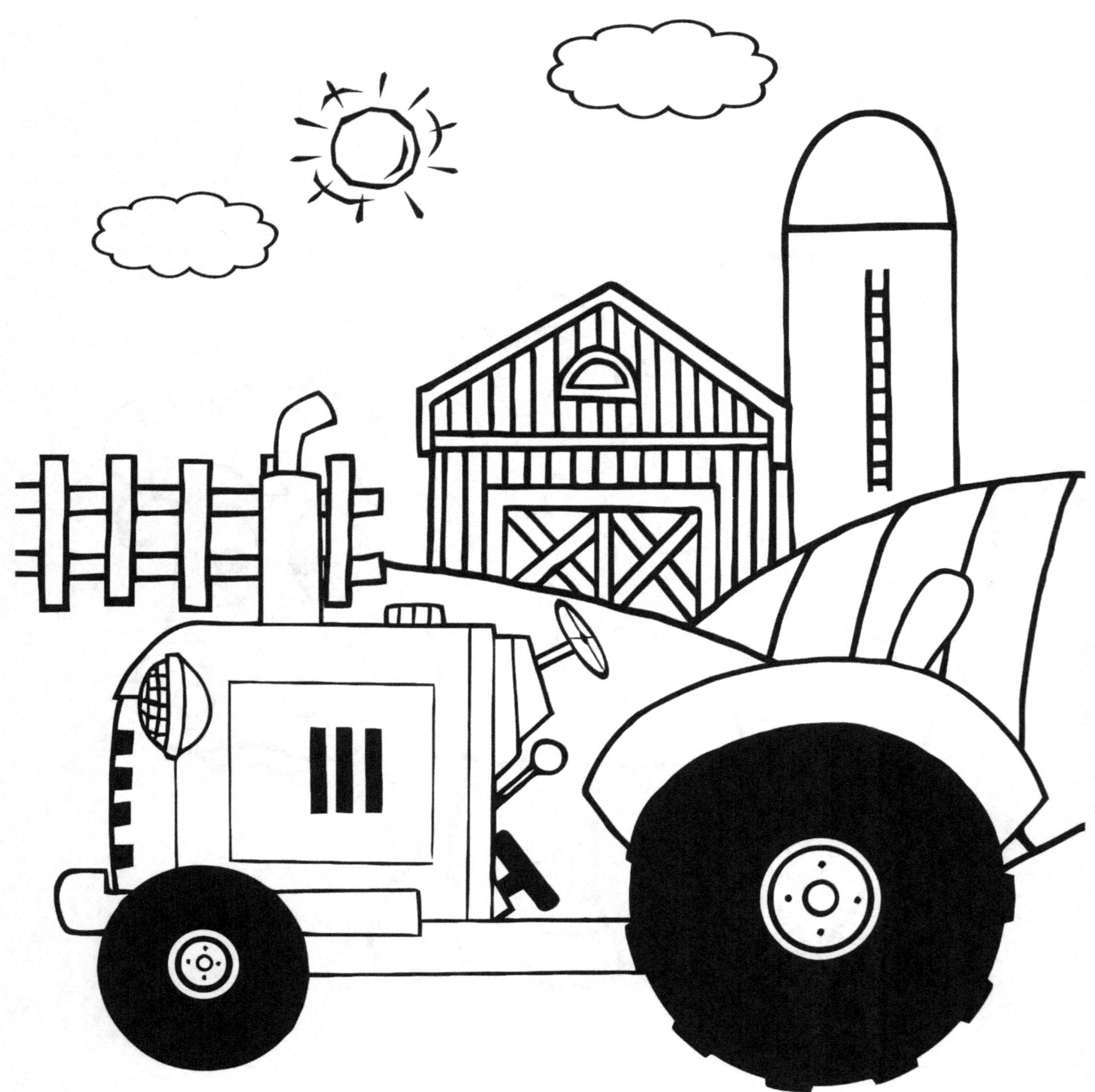

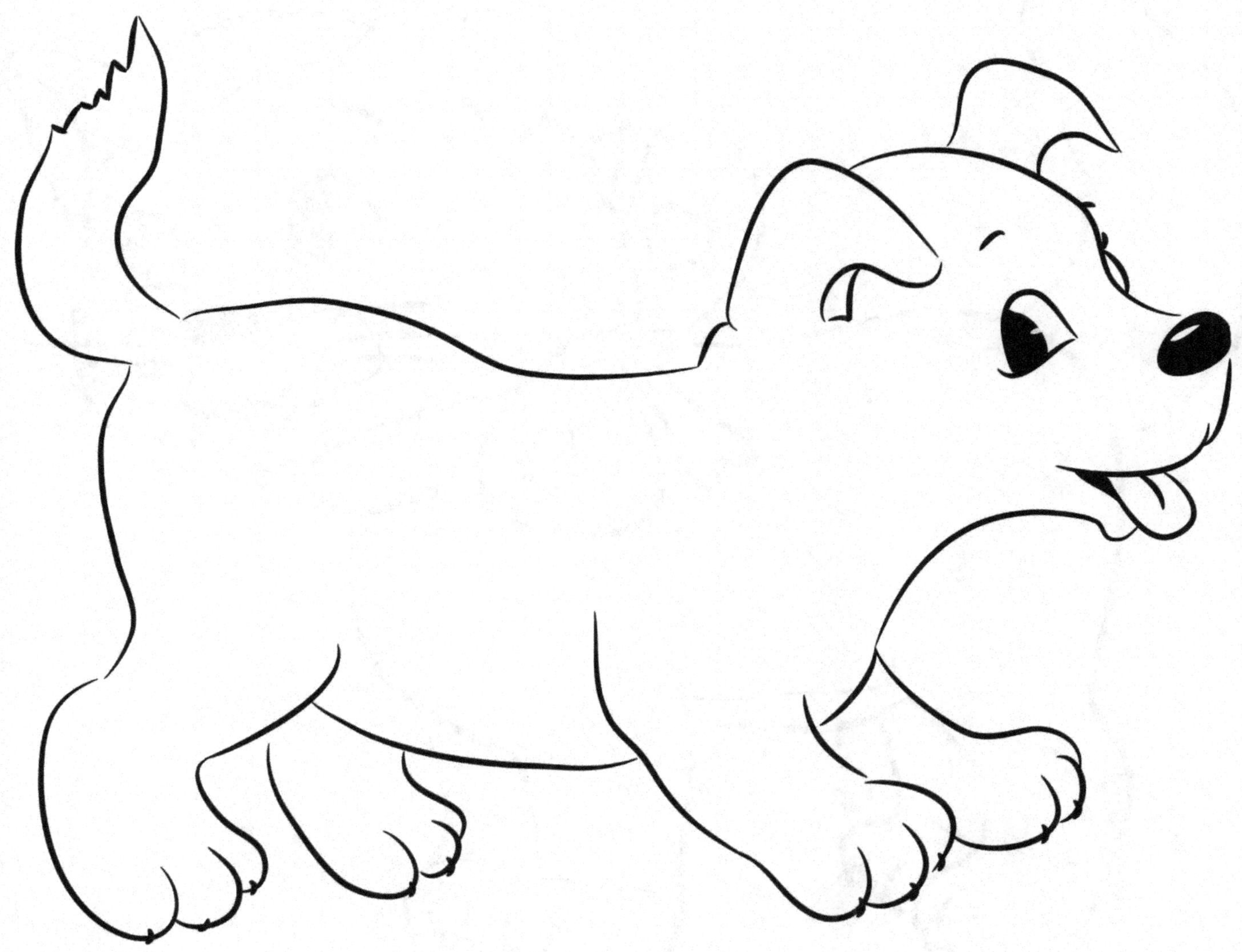

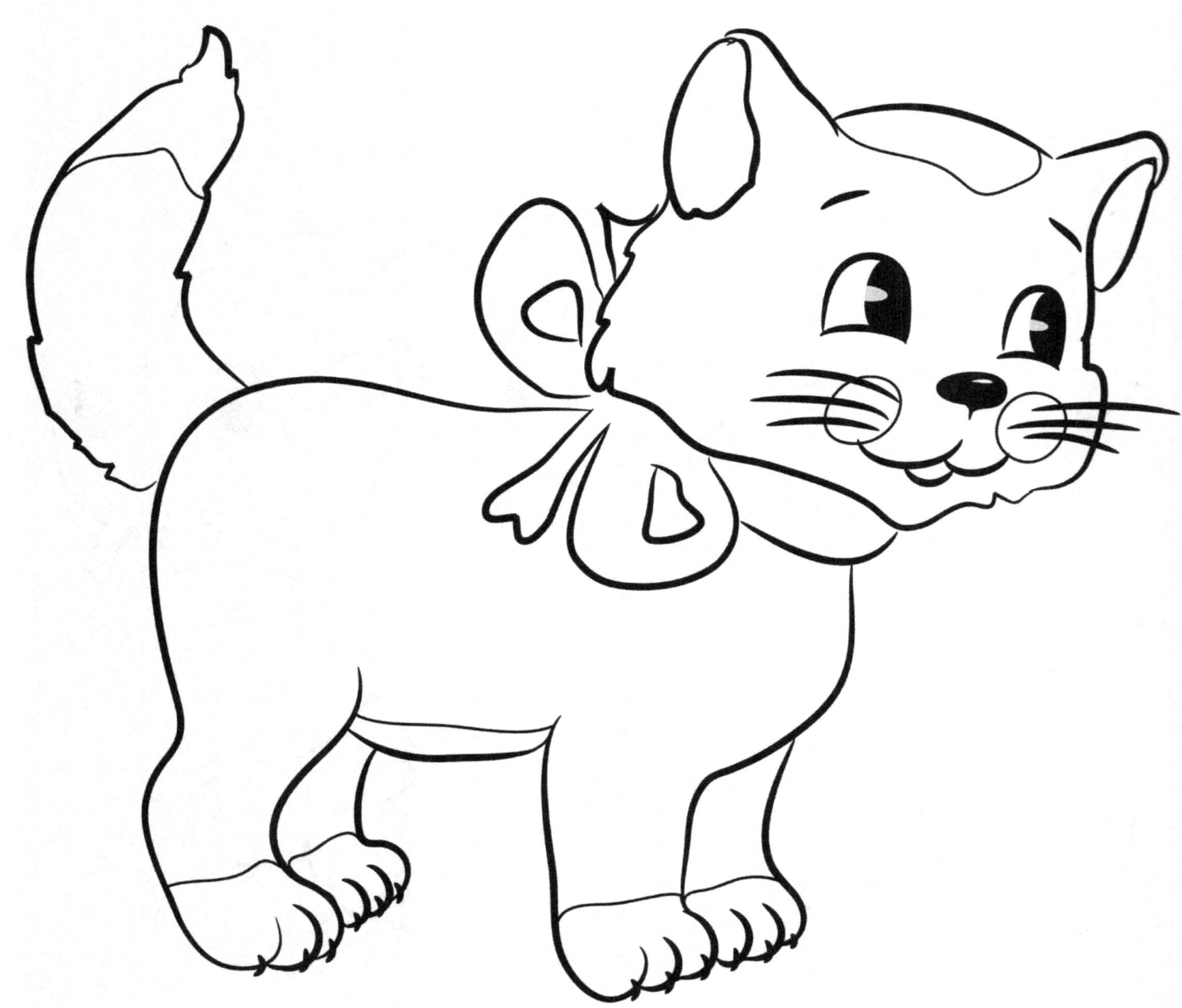

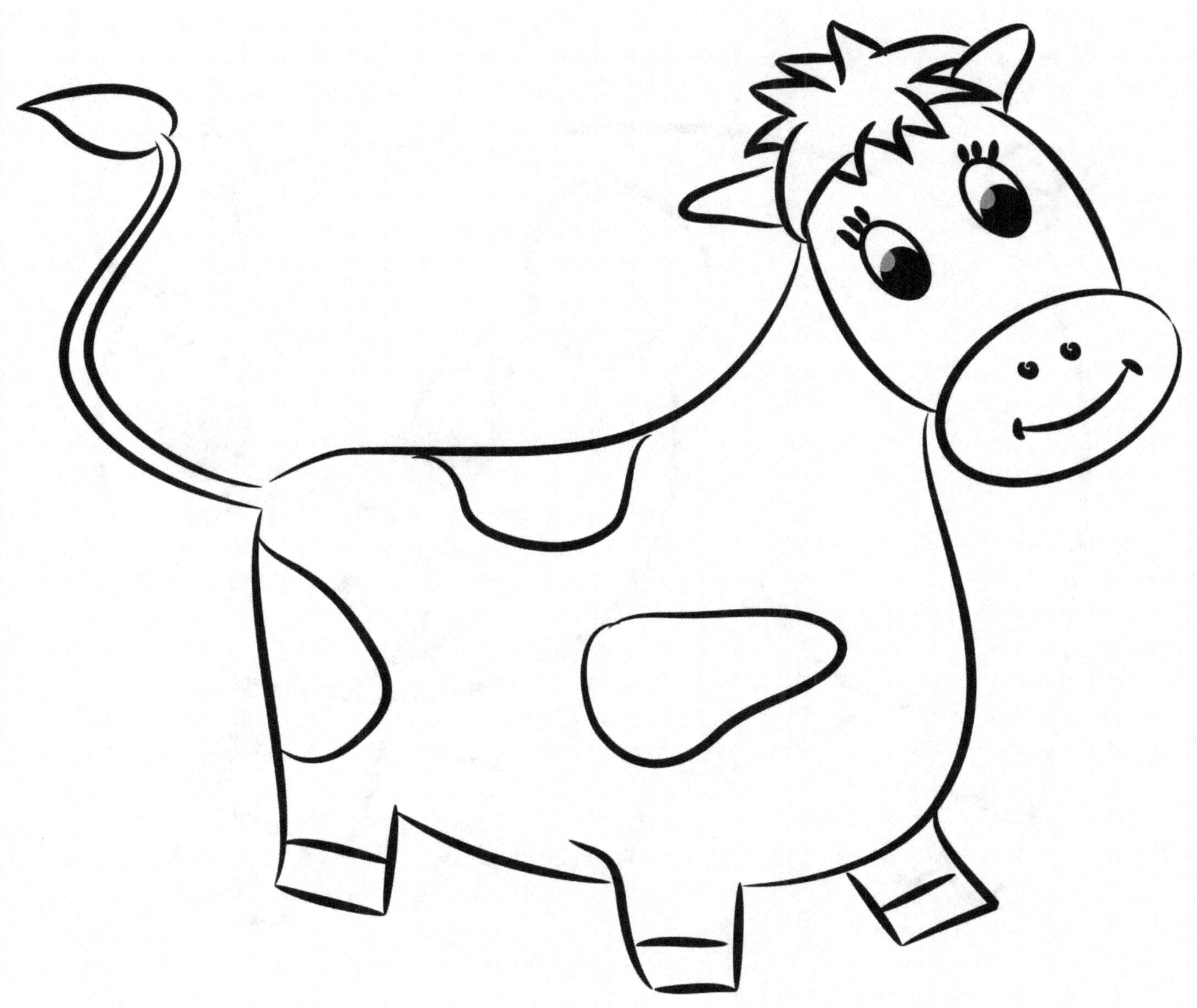

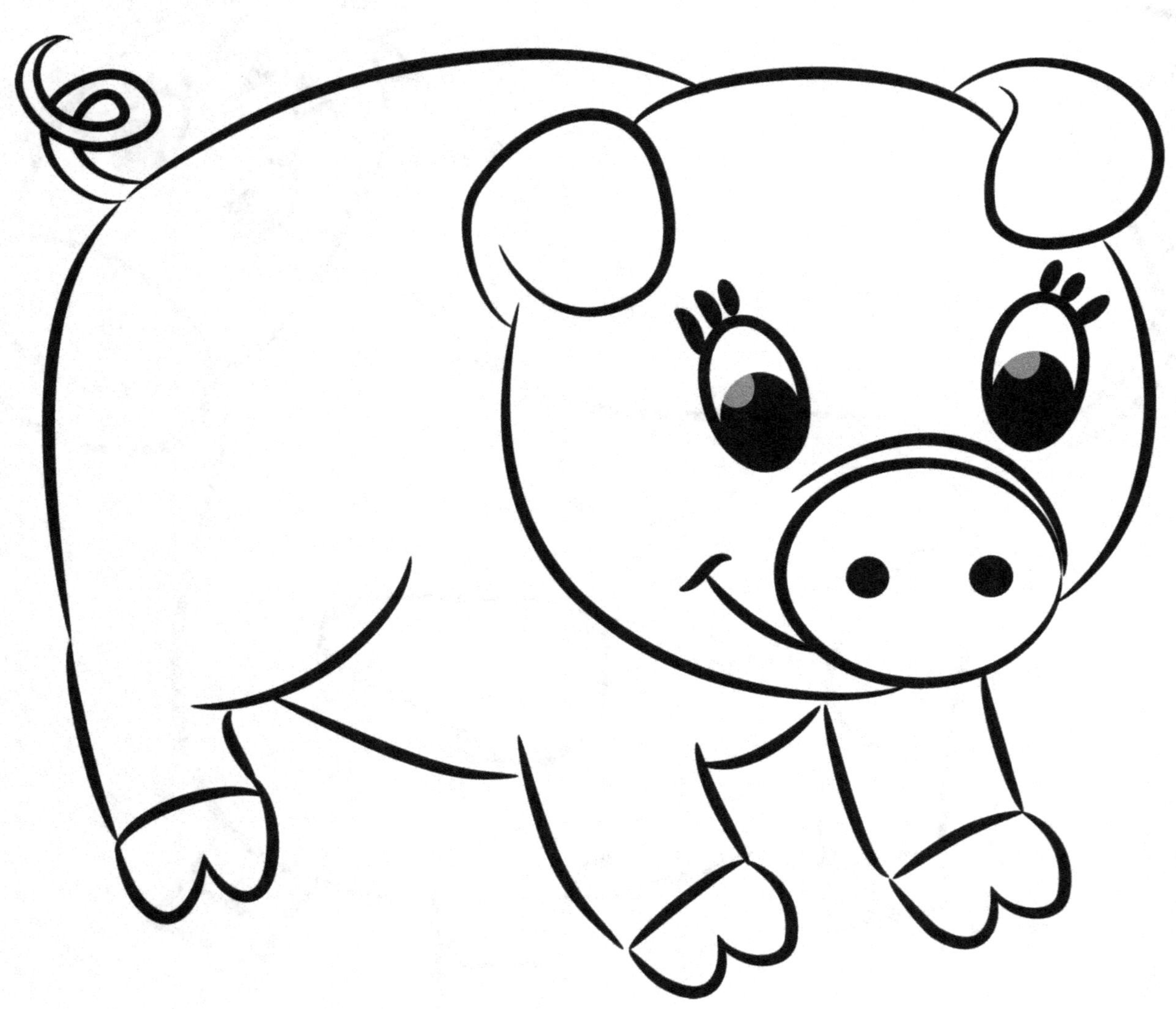

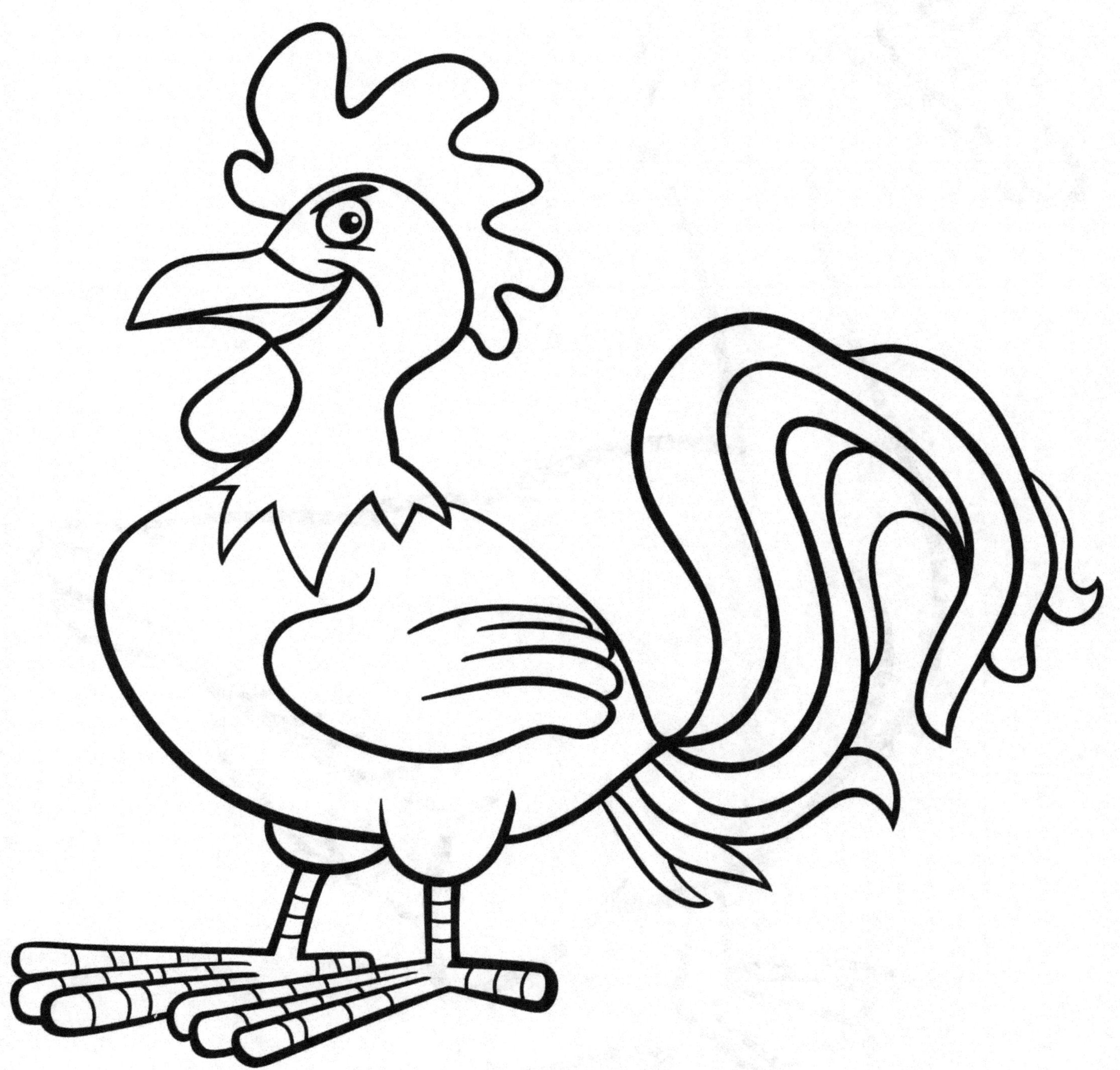

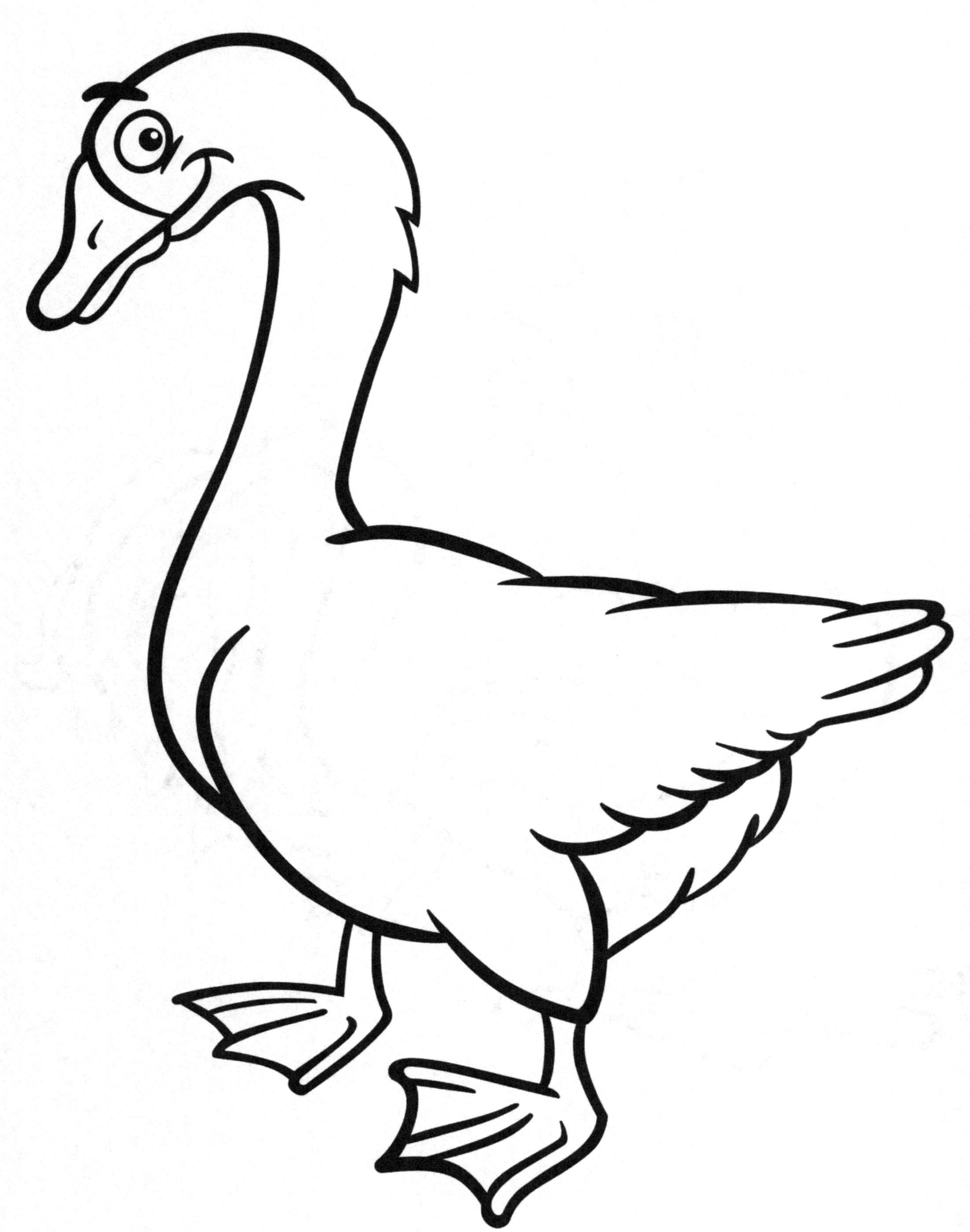

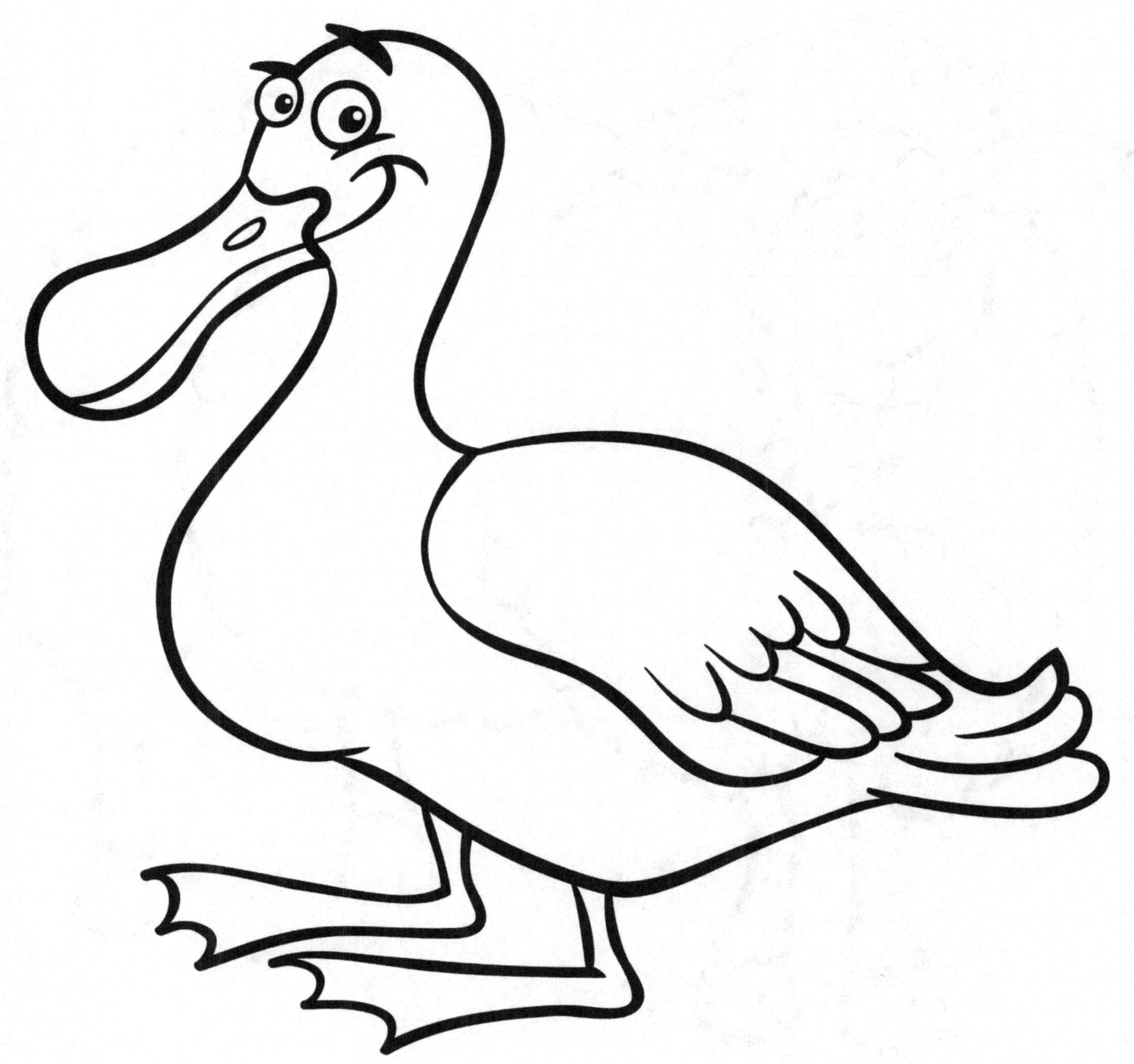

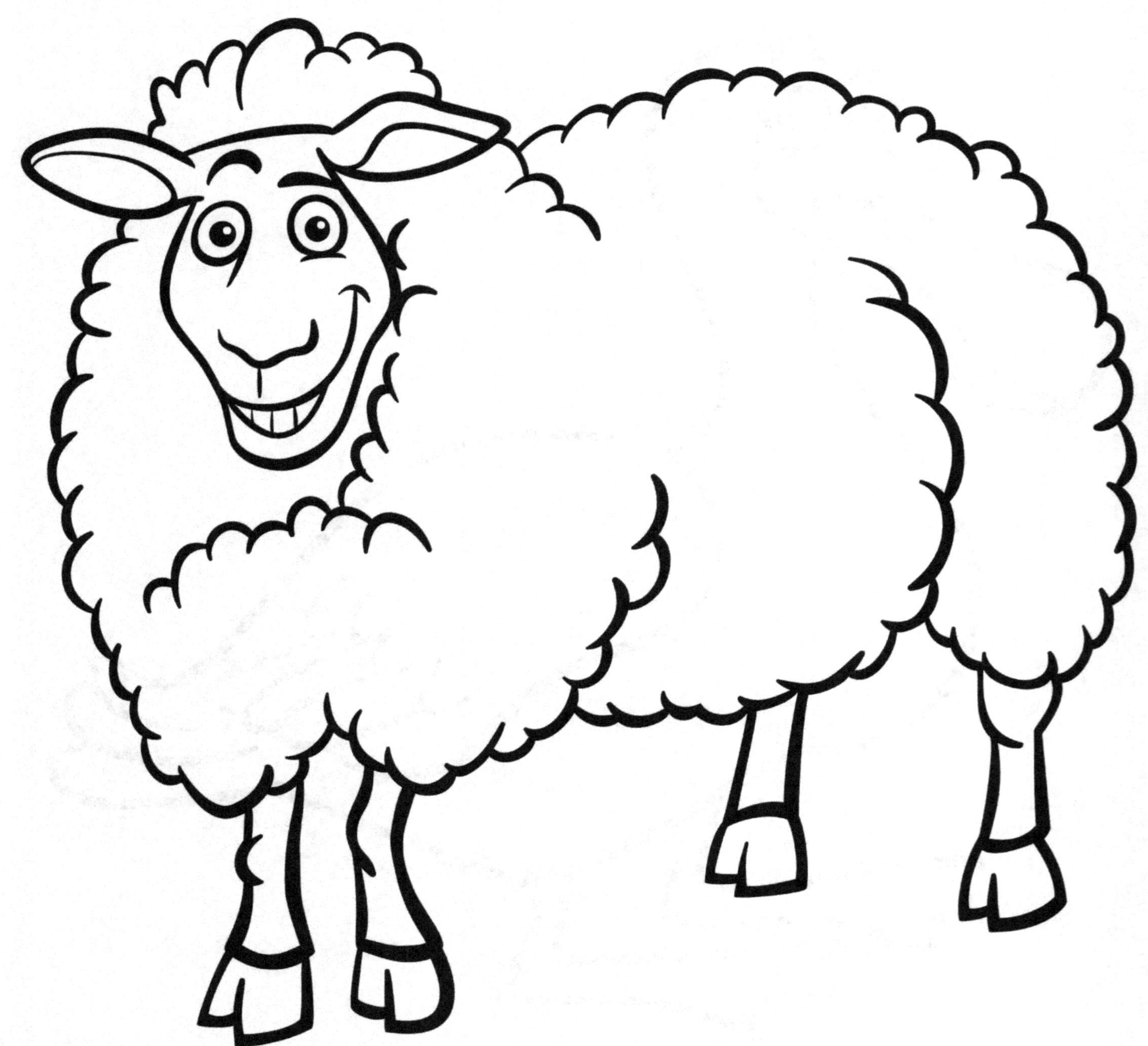

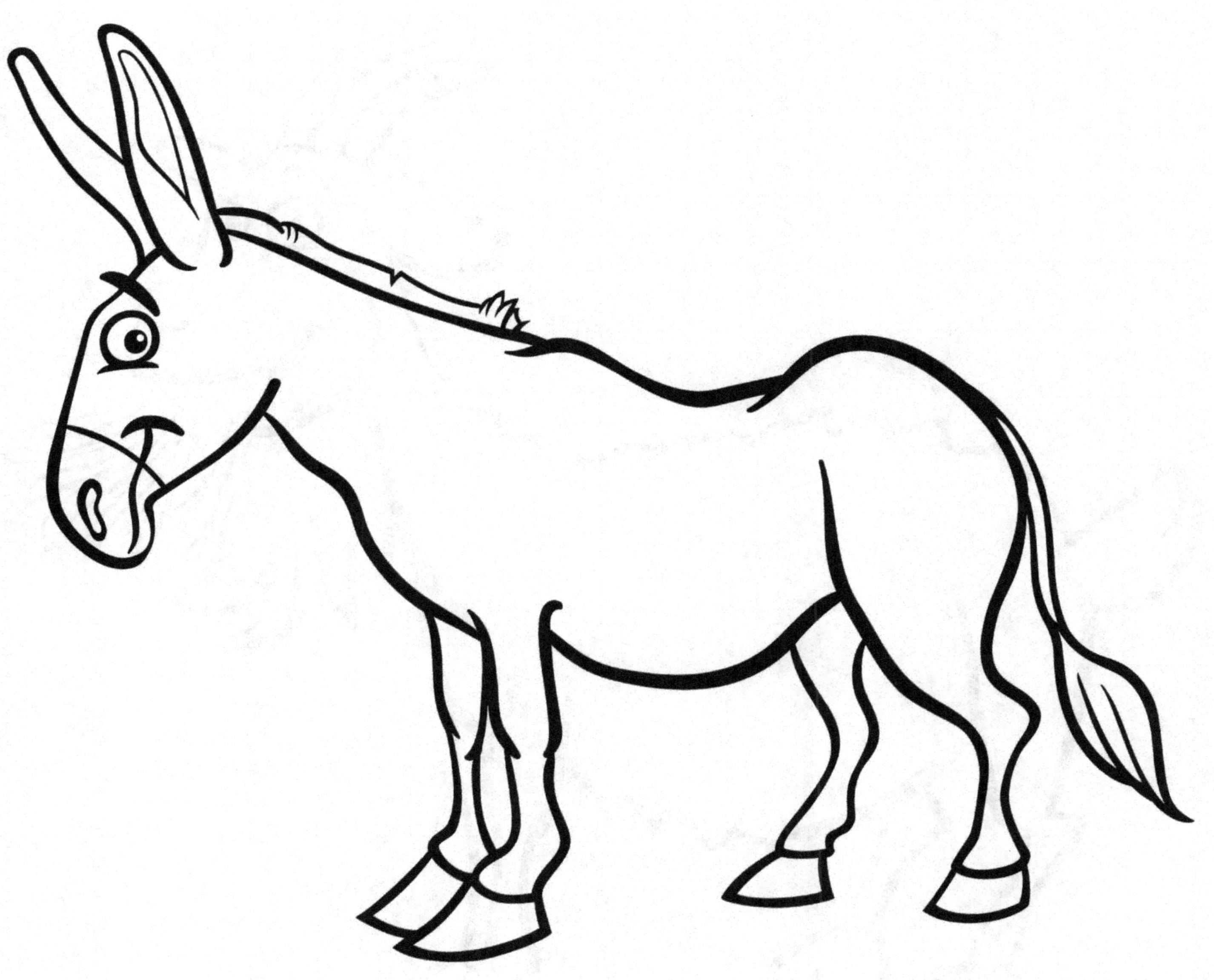

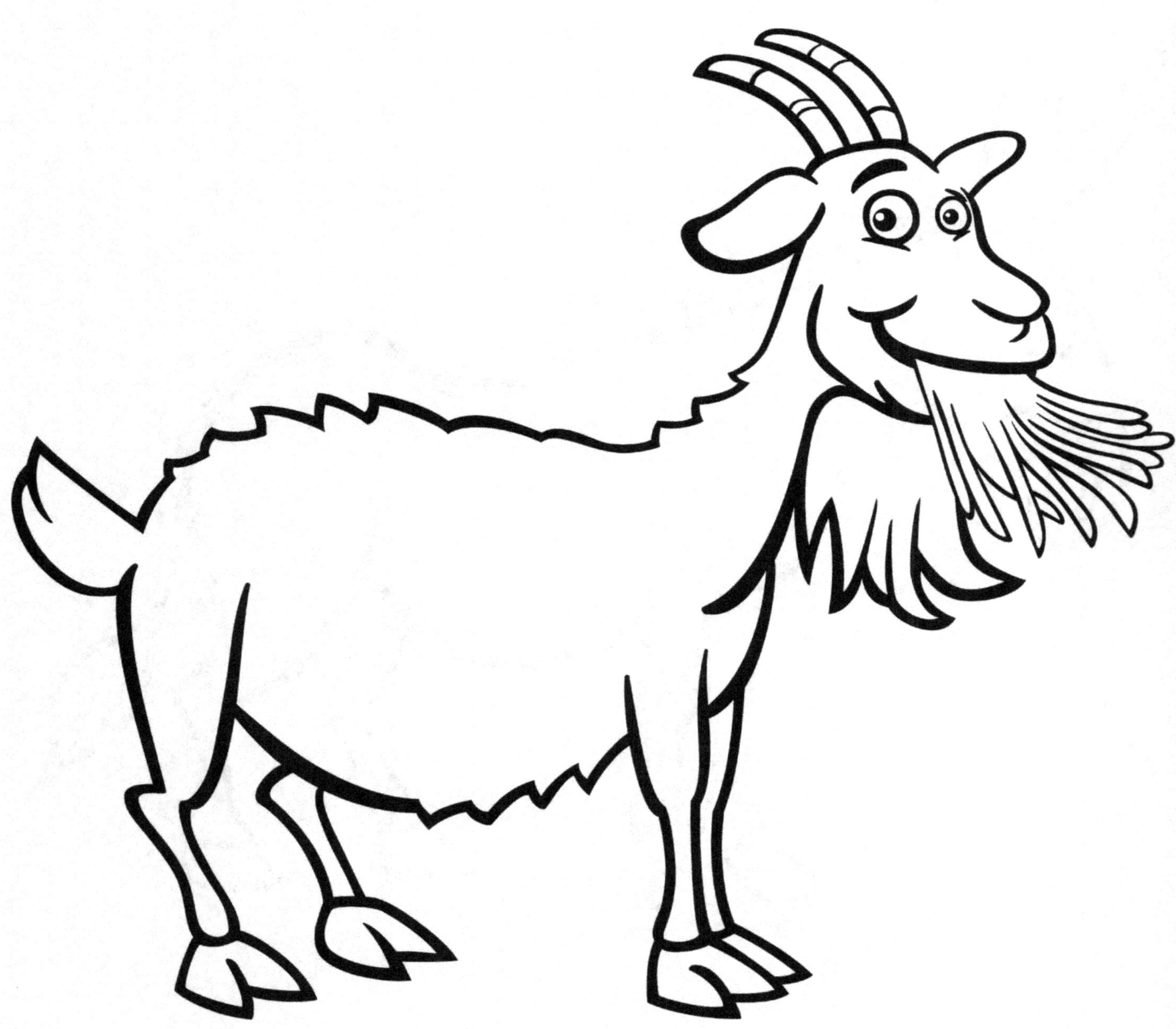

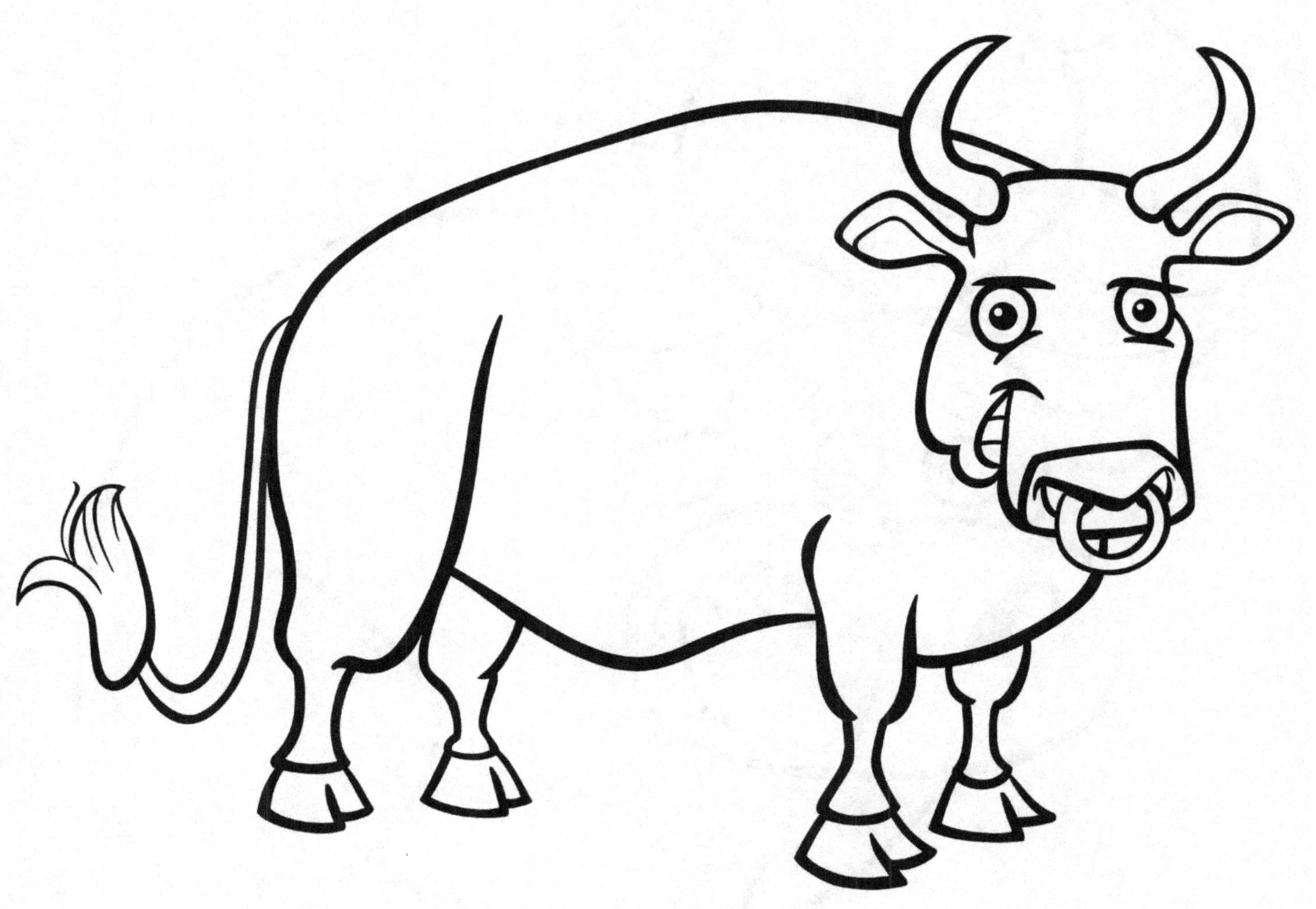

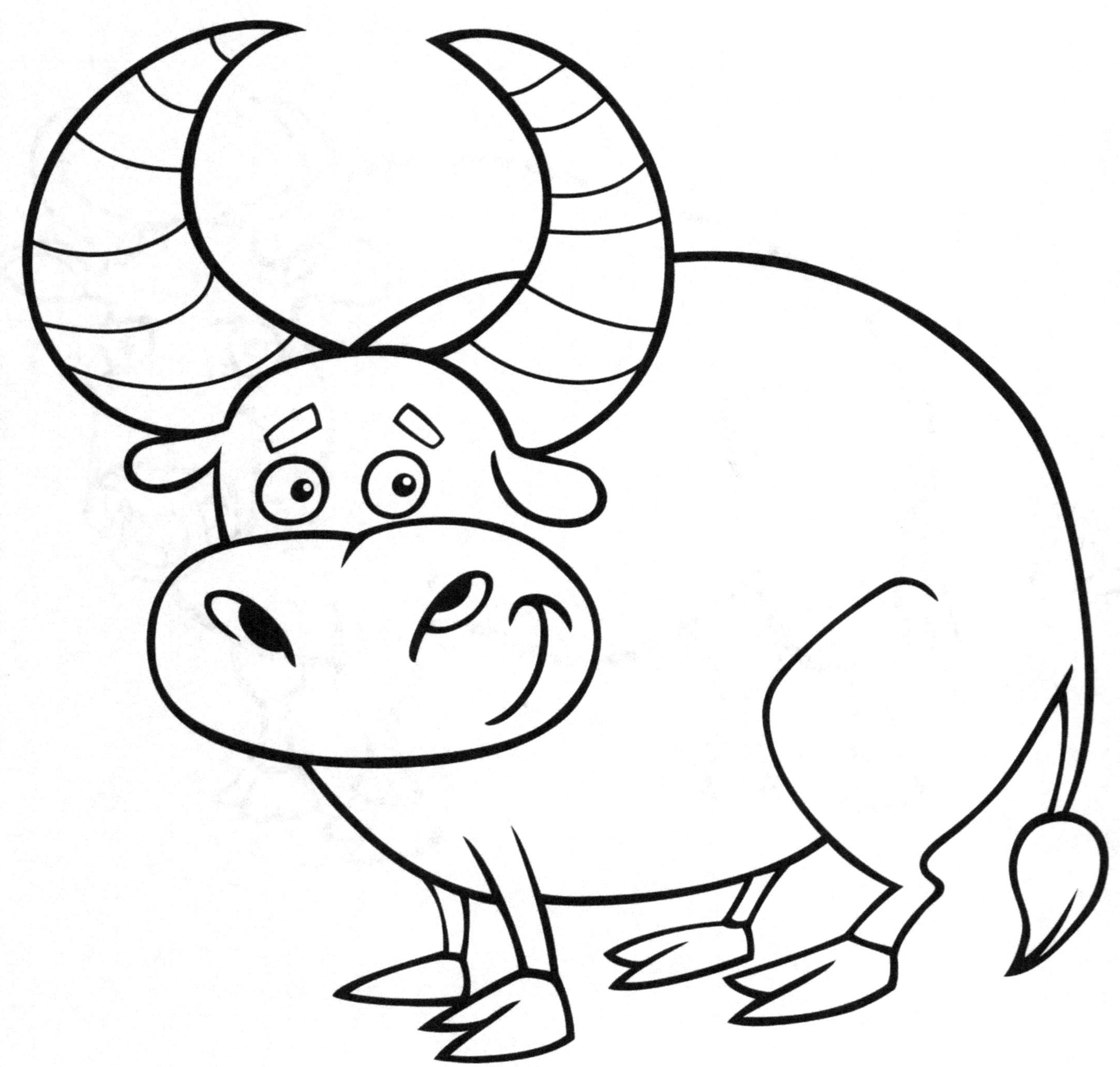

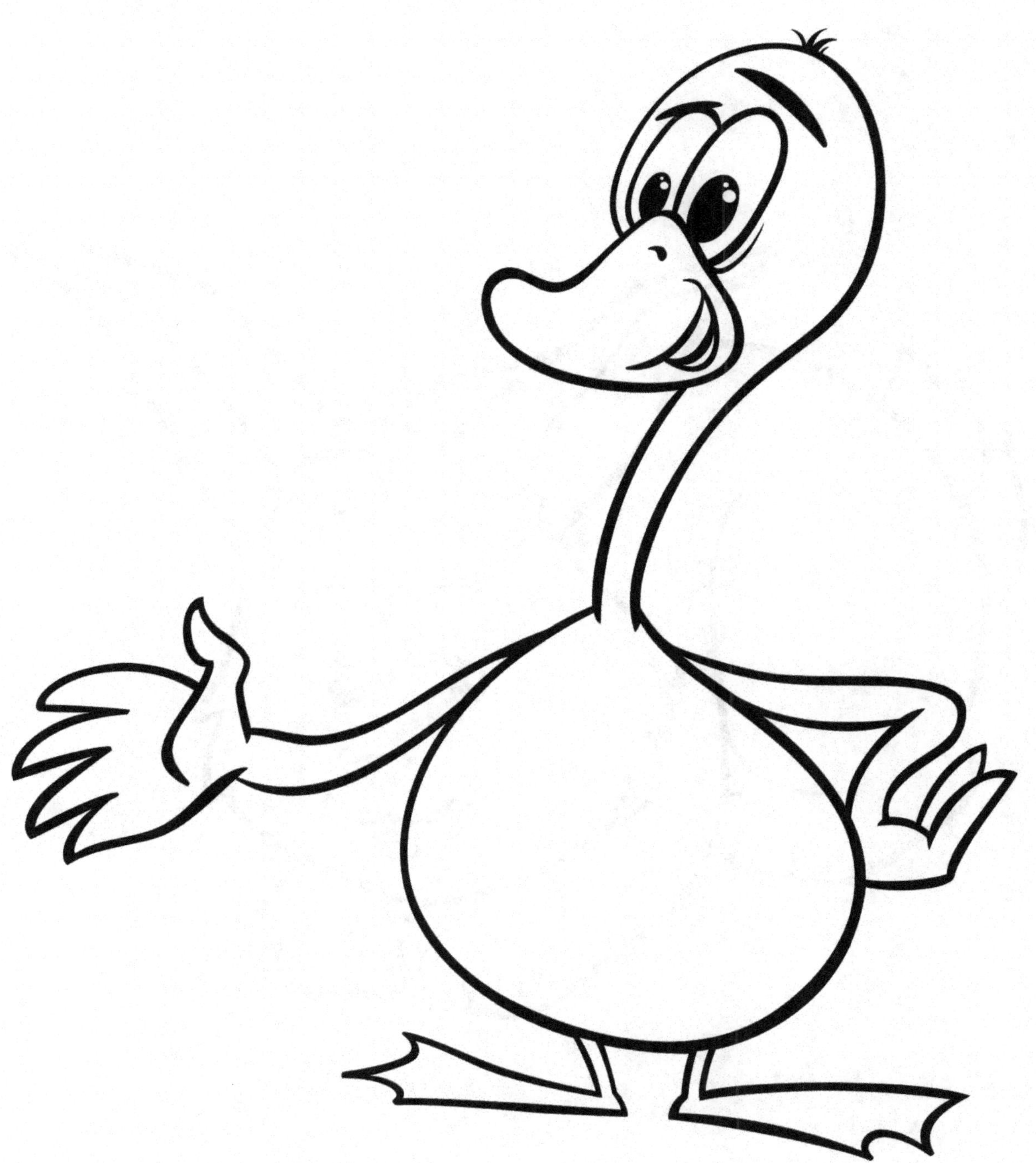

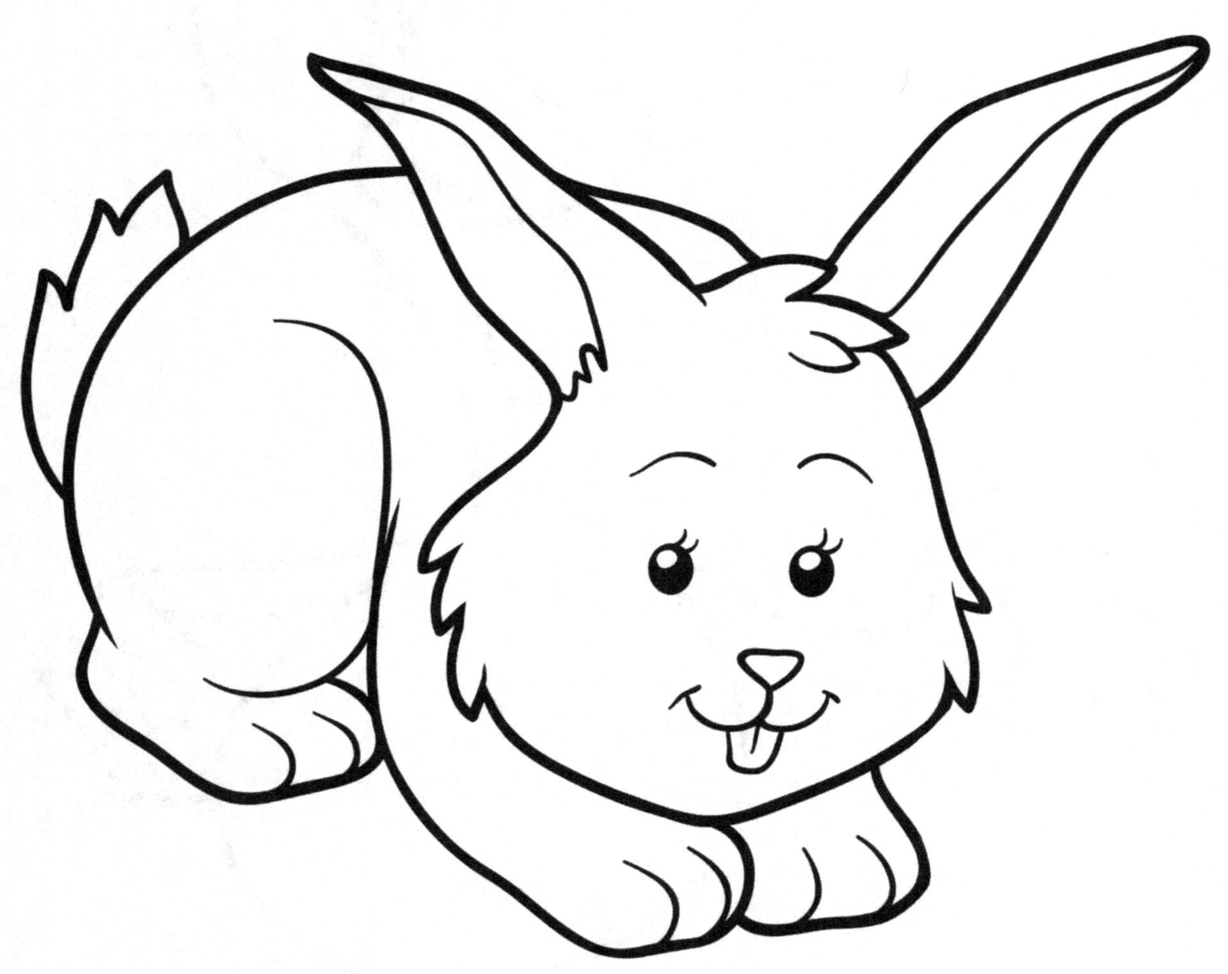

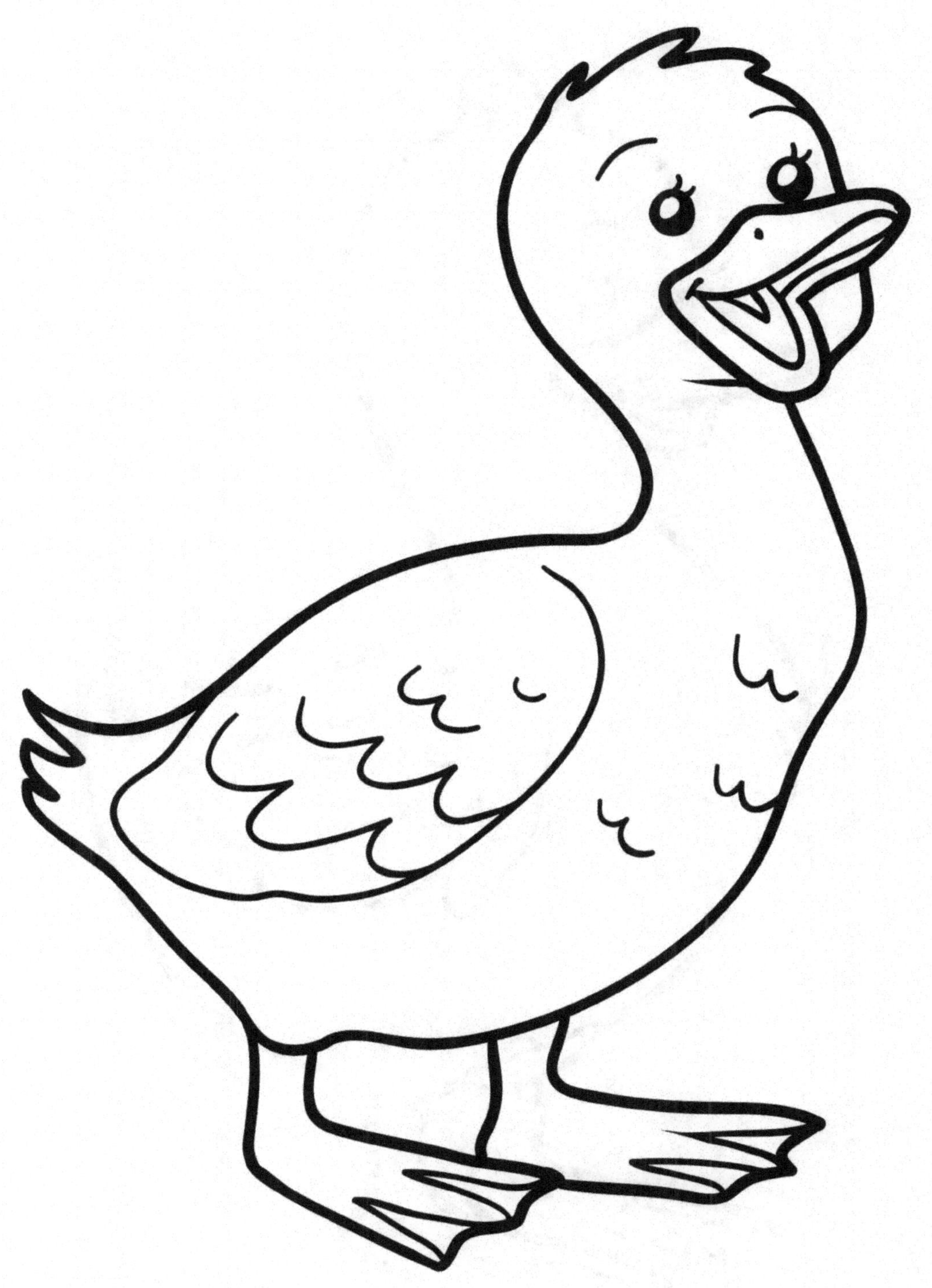

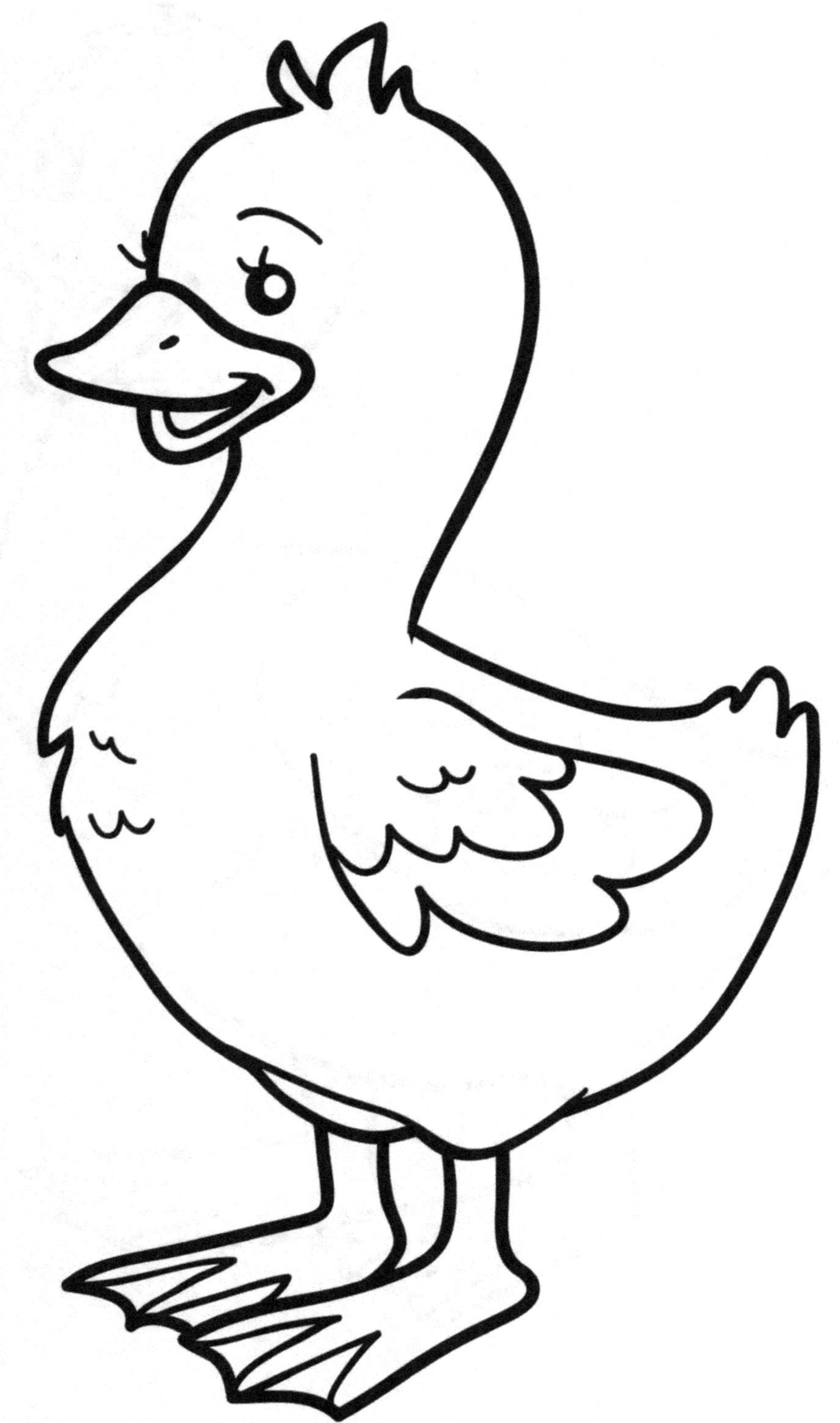

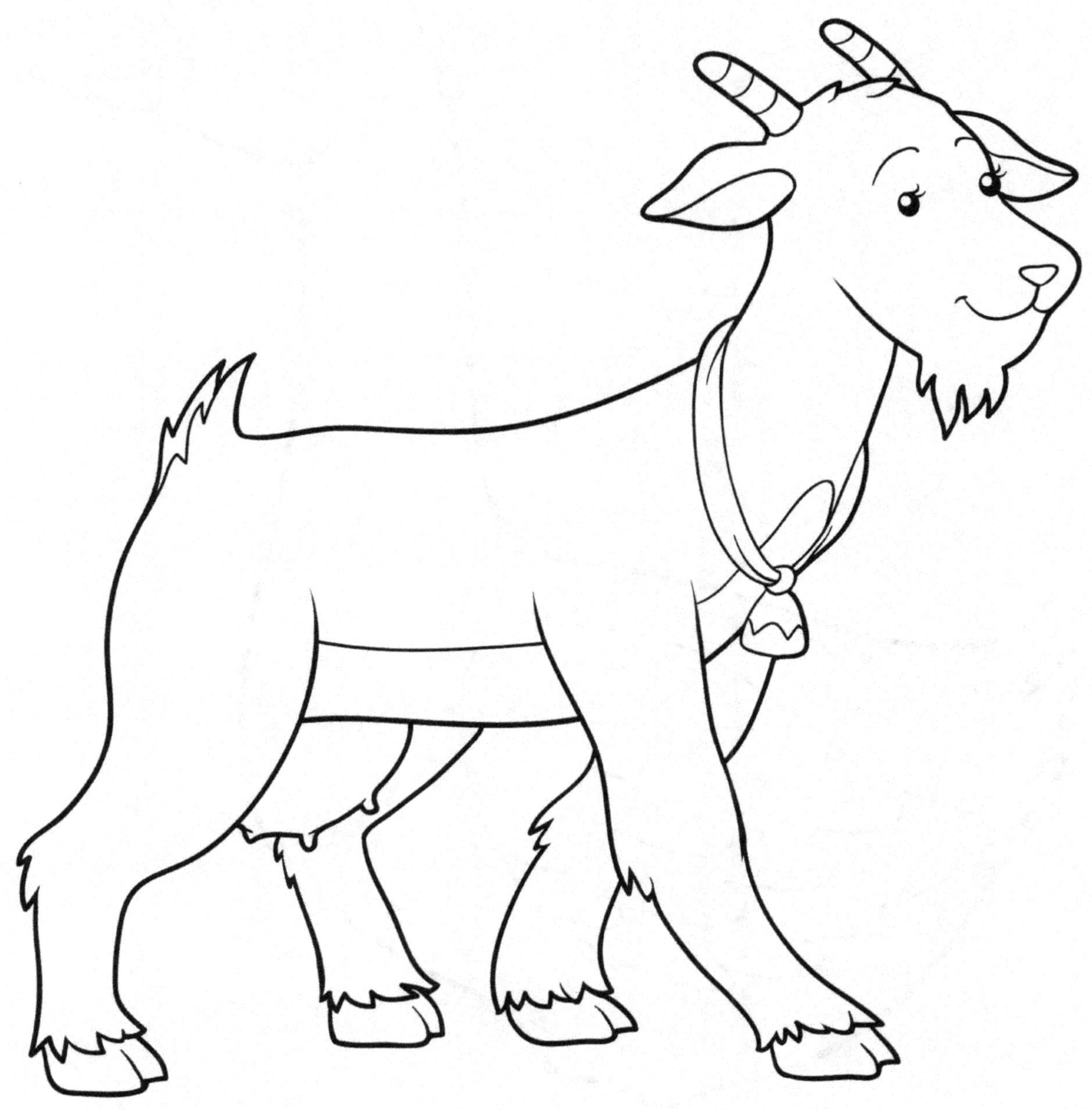

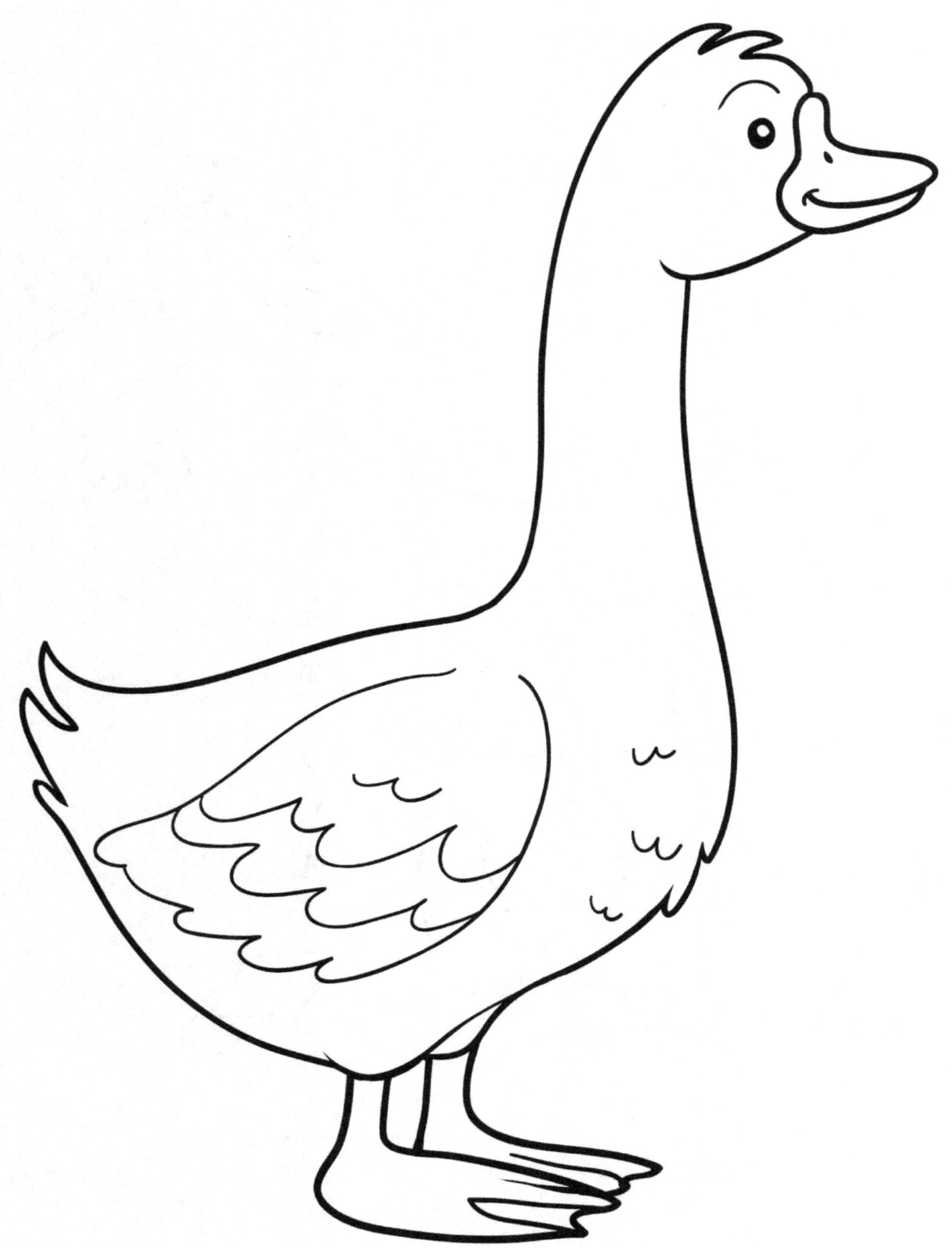

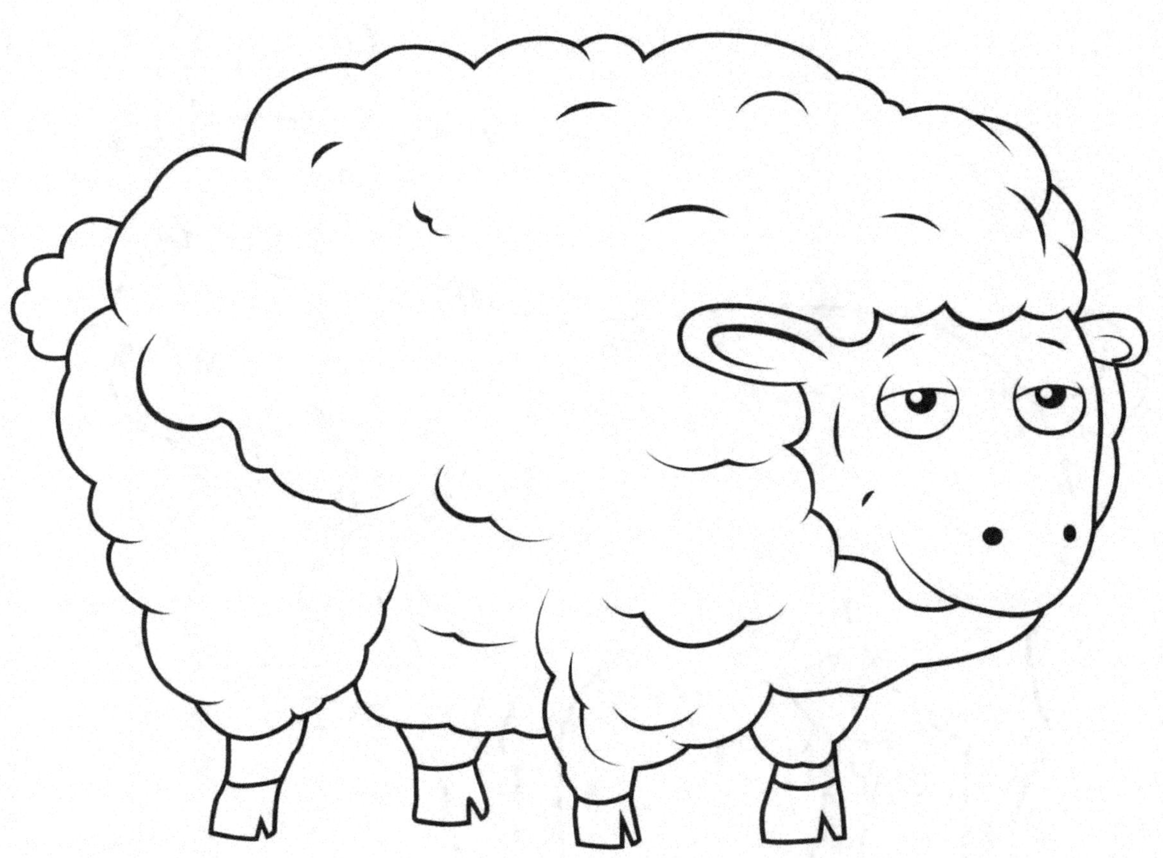

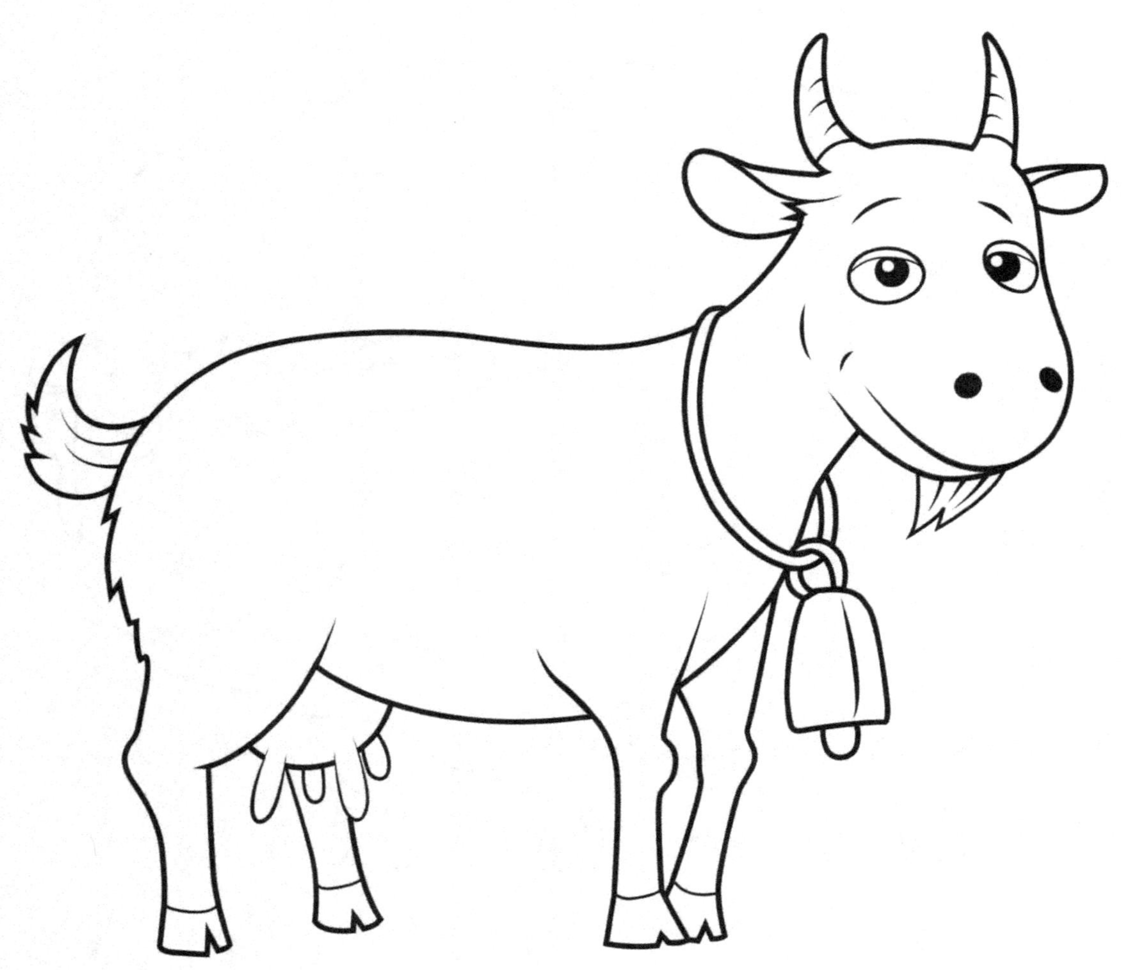

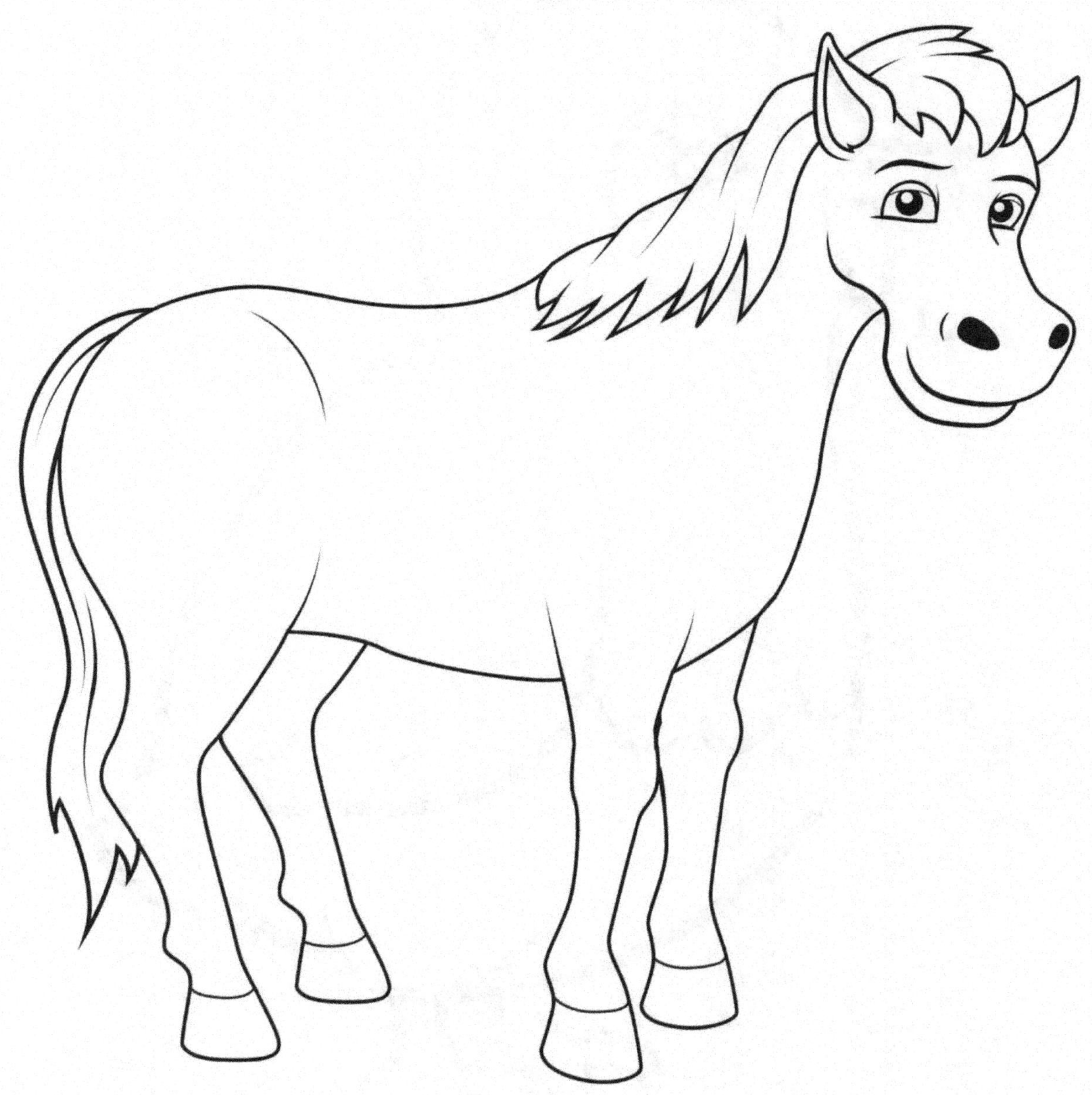

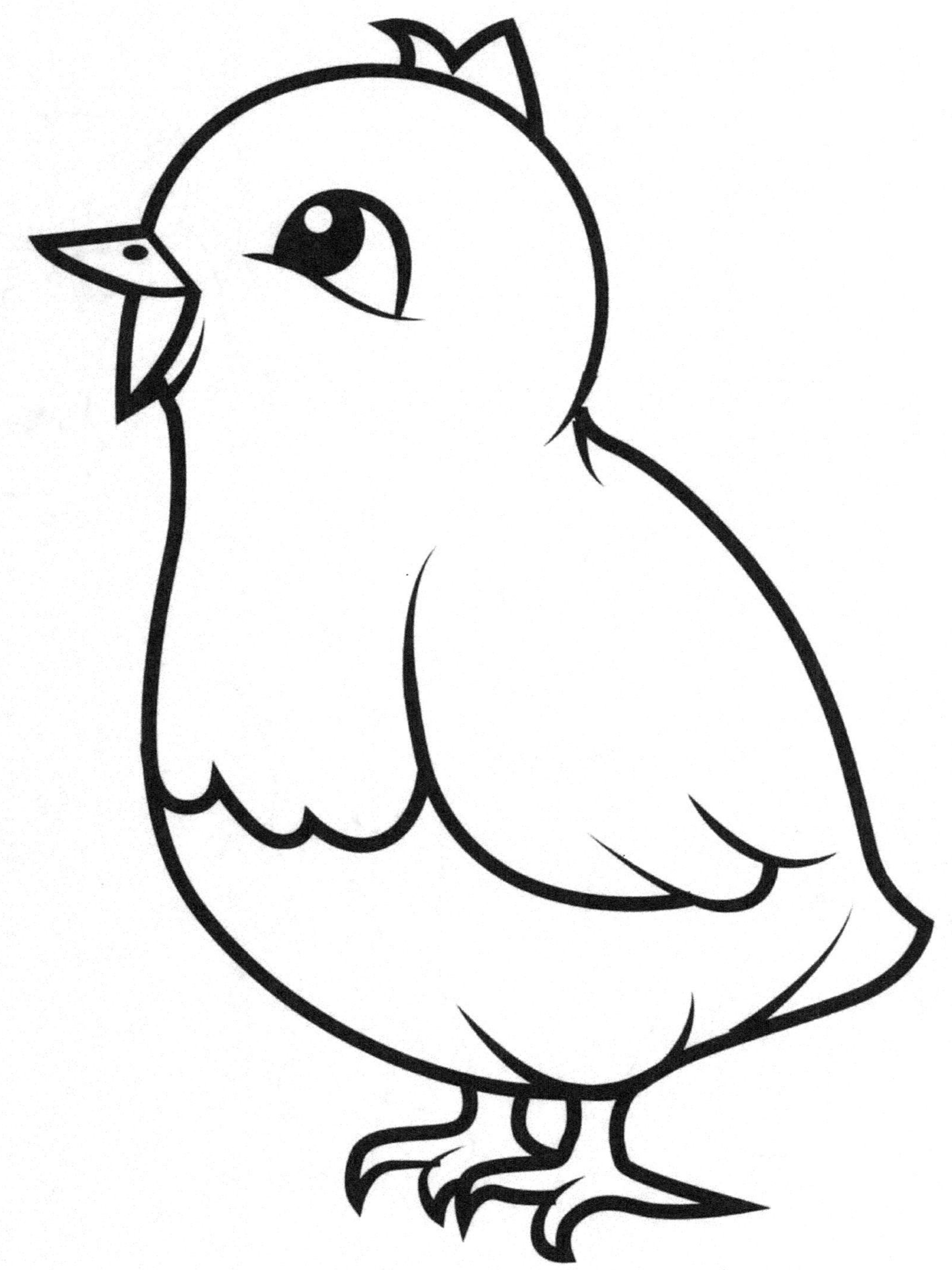

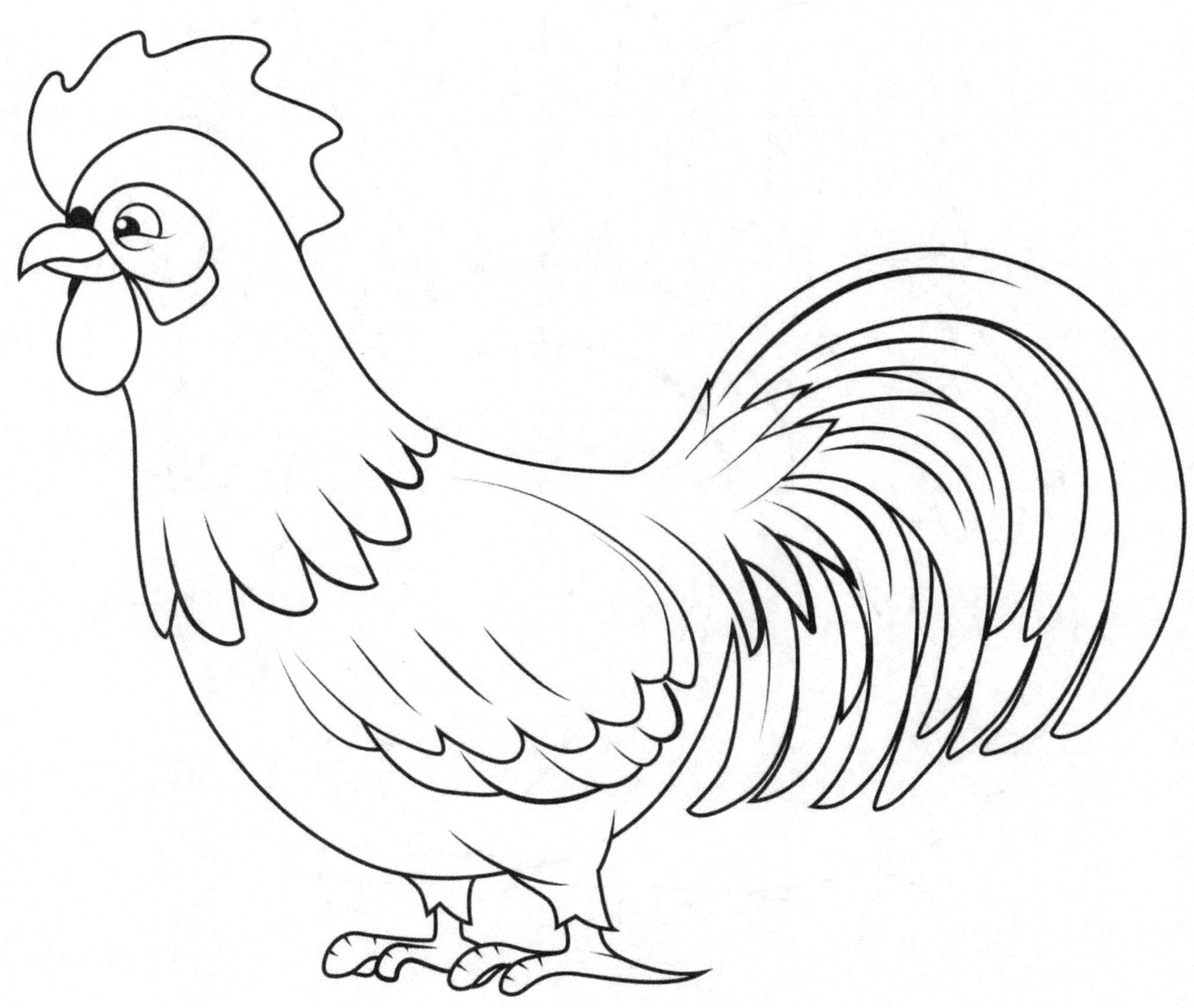

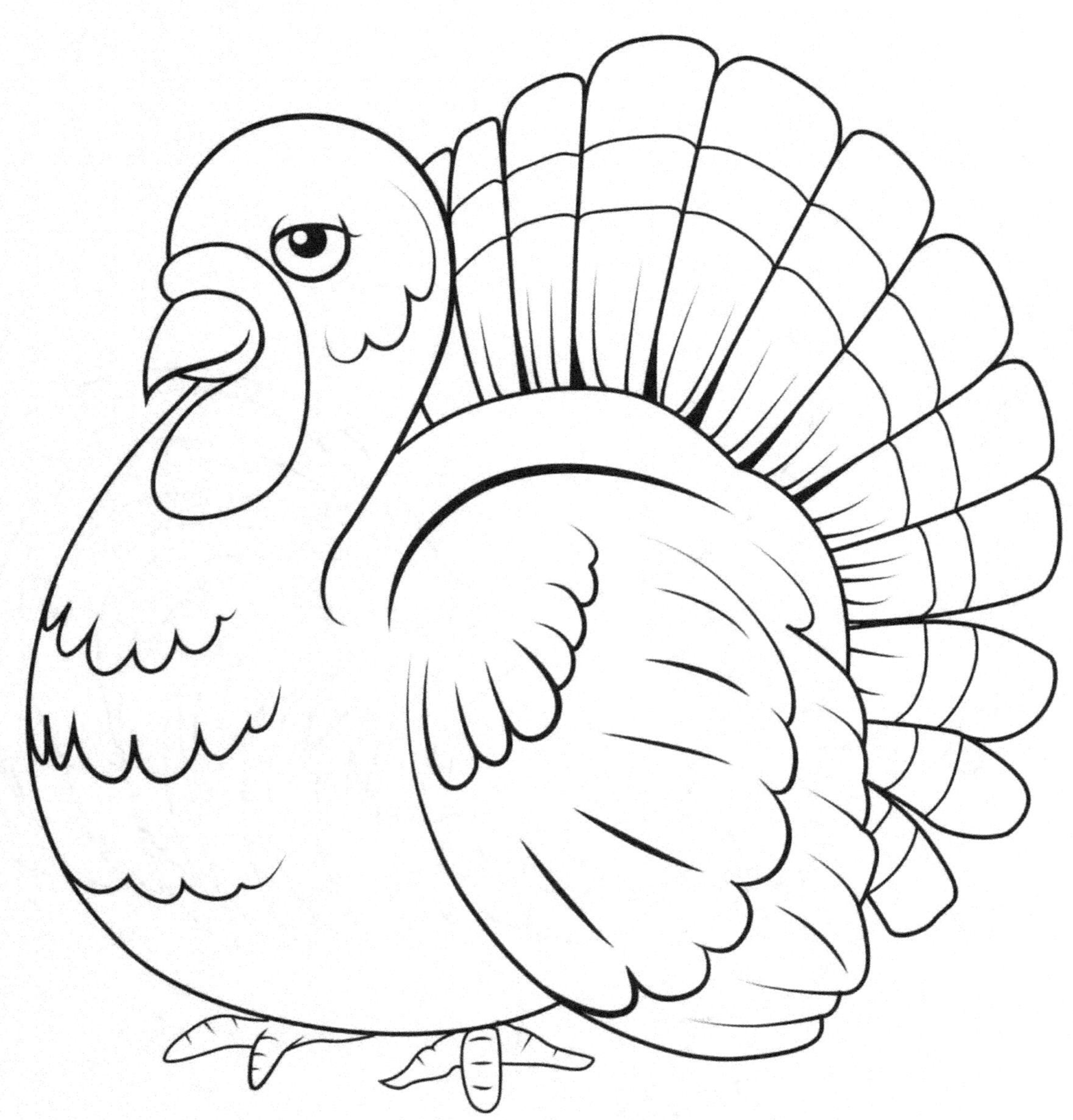

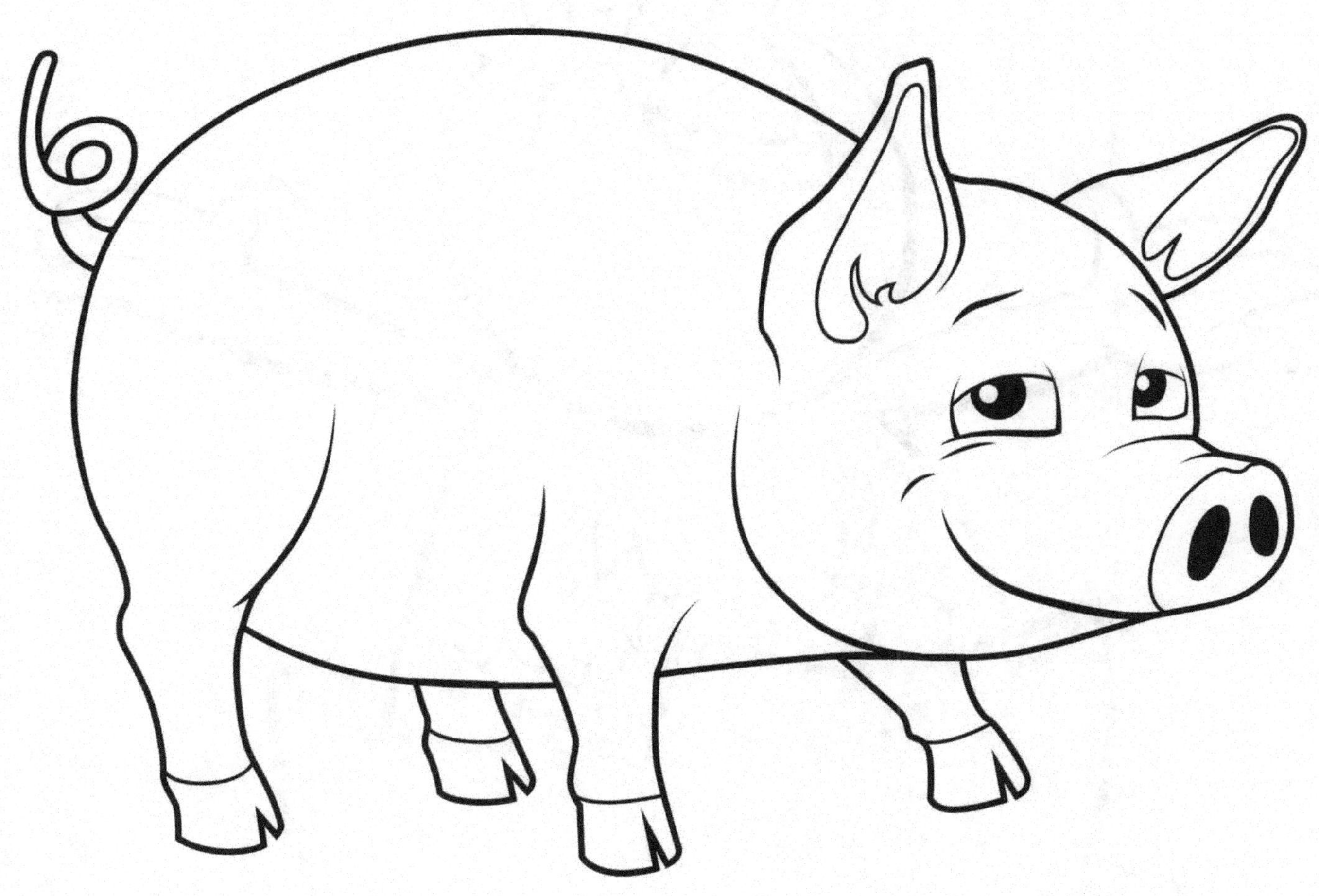

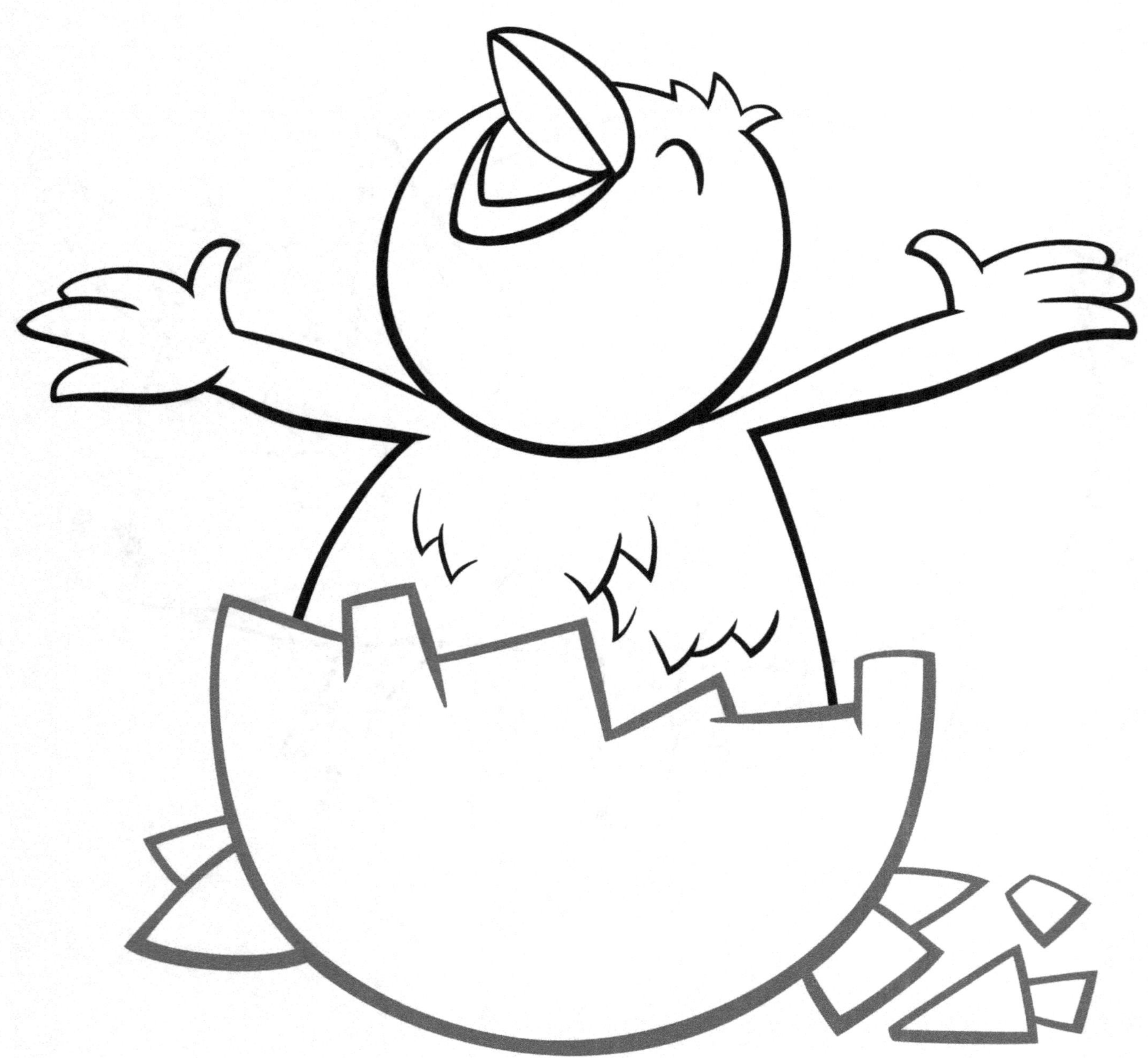